「自己株式の実務」完全解説

～法律・会計・税務のすべて～

EY新日本有限責任監査法人
公認会計士・税理士

太田 達也 著

税務研究会出版局

はじめに

　自己株式の取得は、大企業から中小企業まで幅広く行われています。大企業では、財務指標（ROE、1株当たり指標）の改善、企業組織再編における代用自己株式、ストック・オプション、株式の持合い解消手段などで活用されることが多く、また、中小企業においても、分散した株主の集約、納税資金の調達、事業承継対策として広く活用されています。

　自己株式の実務については、その法律を理解・整理するとともに、会計処理および税務処理を的確に押さえて対応する必要があります。会計処理と税務処理は内容が異なり、申告調整が必要になります。また、みなし配当に係る所得税の源泉徴収の実務および株主に対する支払通知書の発送など、税務上の対応が必要不可欠です。

　本書では、自己株式の法律、会計、税務について、それらを関連づけながら詳しく解説するとともに、具体的な設例を多数取り上げ、仕訳や別表の記載方法などを具体的に解説しています。また、みなし配当課税が生じるときの計算方法や支払調書の作成など、実務に必須の事項をできる限り網羅しています。

　「第1章　自己株式の法務」では、会社法に基づいた法律上の手続や留意点などを総合的に解説しています。各種議事録、公告、申込書および株主に対する通知書などの記載例も掲載しています。

　「第2章　自己株式の会計処理」では、自己株式に係る各取引の会計処理、自己株式に係る表示の取扱いなどを、設例を多用して詳しく解説しています。

　「第3章　自己株式の税務処理」では、法人税の取扱いを中心とし、会計処理と関連づけて、具体的な処理を詳しく解説しています。設例をできる限り、盛り込んでいます。また、みなし配当に係る実務もカバーしています。

「第4章　株主の処理」では、株主側の会計処理および税務処理を、図表や設例を用いて詳しく解説しています。

　「第5章　自己株式の取得と現物分配」および「第6章　組織再編時の自己株式の処理」では、応用的な論点ながら実務で遭遇することが多い現物分配と組織再編時の会計処理および税務処理を、具体的な設例を用いて詳説しています。

　「第7章　自己株式の活用」では、大企業から中小企業までも想定した自己株式の活用場面について取り上げています。

　「第8章　各種相談事例」では、筆者がセミナーで受けた質問を中心として、実務で疑問が生じやすい事項をQ＆A形式で解説しています。

　本書が、自己株式の実務に携わる方々にとって、ご参考となっていただければ幸いです。

　なお、本書の内容のうち意見にわたる部分には、筆者の個人的見解が含まれています。したがって、文責はすべて筆者にあることをお断りしておきます。

　最後に、本書の企画・編集・校正にあたっては、（株）税務研究会の知花隆次氏にご尽力をいただきました。この場を借りて心から謝意を申し上げます。

令和2年10月

公認会計士・税理士　太田達也

目　　次

第1章

自己株式の法務

Ⅰ　自己株式と株主権

　自己株式については、会社法上、株主としての権利が大幅に制限されている。そこで、一般的な株式の場合の株主の権利内容を説明した上で、自己株式の場合の株主（発行会社）の権利内容を比較しながら説明する。

1. 株主の権利

　株式を取得すると、その株主にはその発行会社に対して様々な権利が発生する。これを「株主権」という。その権利は、自益権と共益権に大別される。

　自益権とは、株主が会社から直接に経済的利益を受ける権利をいう。共益権とは、株主が会社経営に参与したり、会社の取締役等の行為を監督・是正したりする権利をいう。

自益権と共益権の例

自益権	共益権
剰余金の配当請求権	株主総会における議決権
残余財産の分配請求権	株主提案権
株式買取請求権	説明請求権
募集株式の割当を受ける権利	総会決議の取消訴権
株主名簿の名義書換請求権・株券発行請求権	株主代表訴訟提起権
	違法行為の差止請求権
	役員の解任訴権
	新株発行、自己株処分、新株予約権発行の差止請求権
	取締役会議事録等の書類の閲覧、謄写請求権

(1) 自益権

　自益権とは、株主が会社から直接に経済的な利益を受ける権利をいう。自益権の代表的なものとして、剰余金の配当請求権、会社の解散・清算時に会社の債務を弁済した後残った残余財産を株主に分配する残余財産の分

配請求権、株式買取請求権などがある。

　自益権は、各株主が1株の権利でも行使できる単独株主権である。

(2) 共益権

　共益権とは、株主が会社の経営に参与したり、会社の取締役等の行為を監督・是正したりすることができる権利をいう。株主の会社経営の参与は主として株主総会を通じて行われることになるため、株主総会における議決権、株主提案権、説明請求権などがその中心である。また、取締役等の行為の監督・是正権として、具体的には総会決議の取消訴権、株主代表訴訟提起権、違法行為の差止請求権、役員の解任訴権などがある。

　共益権は自益権と異なり、その権利行使の効果が他の株主に影響する。各株主が1株でも行使できるものと、一定の議決権数やすべての株主の議決権総数の一定割合を有する株主のみが行使できるものに分かれている。

2. 自己株式の場合の株主権

　自己株式は、その株式を発行した会社が自己の株式を取得して保有しているものをいうが、自己株式について株主権が制限されている点が重要なポイントである。

　自己株式の場合、自益権も共益権も大幅に制限される。自己株式については、剰余金の配当請求権もないし、残余財産の分配請求権もない。また、自己株式に議決権はない。

　また、自己株式について、新株の株主割当てを受ける権利もない。ただし、株式併合および株式分割に係る権利は与えられており、株式併合・株式分割の対象になる。

　このように株主に係る各権利が制限されているのは、例えば自己株式について議決権を行使できるとしてしまうと、取締役等の経営陣の保身のために利用されるなどの弊害が考えられるからであるし、また、自己株式について剰余金の配当を受ける権利を認めると、資本の空洞化を招くおそれが生じるからである。ただし、株式併合および株式分割については、株式

数の変動をもたらし持株割合を変動させるため、他の株主と同様の権利が
与えられている。

Ⅱ 自己株式の取得に係る取扱い

1. 自己株式の取得に係る会社法上の取扱い

　平成13年商法改正までは、自己株式の取得は原則として禁止されてい
た。それは、①出資の払戻しと同様の結果を生じさせ、会社財産の不当な
流出により債権者を害するおそれがある、②取得の条件いかんによって
は、株主間の不平等を生じさせるおそれがある、③グリーンメーラー[1]な
どの反対派株主から自己株式の取得を行うことにより、経営者が保身を図
るおそれがあるなどの理由に基づいていた。

　平成13年商法改正により、自己株式の取得および保有が認められるもの
とされた。ただし、上記の弊害防止の観点から、剰余金の分配可能額の範
囲内での取得（剰余金の分配規制）および一定の手続規制に従うものとさ
れている。会社法は、この取扱いを基本的に維持し、現在に至っていると
考えられる。

　会社法上の自己株式に係る主な規制は、次のとおりである。

会社法上の自己株式に係る主な規制

> ・自己株式を取得するためには、株主総会の決議（普通決議）が必要であ
> る。また、相対で特定の株主から取得する場合は、より重い決議要件で
> ある特別決議が必要である。
> また、相対取引で特定の株主から自己株式を取得する場合は、他の株主
> に売主追加請求権（自己をも売主に加えるように議案の修正を求める権
> 利）が与えられており、株主平等原則に配慮されている。

1　グリーンメーラーとは、経営に参加する意思がないにもかかわらず株式の一定買占めを行
　い、保有した株式の影響力をもとに、その発行会社や関係者に対して高値での引取りを要求
　する者をいう。標的とした会社に買い戻しをさせることを目的とした、株買い占め屋である。

・剰余金の配当と同様に、剰余金の分配可能額の範囲内で取得することが
　必要である。債権者保護のための剰余金の分配規制が課せられている。
・剰余金の配当と同様に、自己株式の取得をした結果、純資産額が300万円
　を下回ってはいけない。債権者保護のための財源規制が課せられている。

　また、次項で説明するように、自己株式を取得できる類型が会社法およ
びその法務省令（会社法施行規則）に規定されている。

2. 自己株式の取得ができる場合

　会社法上、会社は、次に掲げる場合に限り、当該会社の株式（自己株
式）を取得することができる（会社法155条、会社法施行規則27条）。取得
できる事由が法定されているわけである。

自己株式の取得が可能な場合

	大企業	中小企業
①　取得条項付株式[2]の取得（会社法107条2項3号イ）	×	×
②　譲渡制限株式の譲渡等を承認しなかった場合の、株式会社の譲渡等承認請求者からの買取り（会社法138条1号ハ、2号ハ）	×	○
③　株主との合意による取得（会社法156条1項）	○	○
④　取得請求権付株式[3]の株主からの取得請求に基づく取得（会社法166条1項）	×	×
⑤　全部取得条項付種類株式の株主総会決議に基づく取得（会社法171条1項）	×	×
⑥　相続人または一般承継により株式を取得した者に対して、売渡しの請求をすることができる旨を定款で定めた株式会社における売渡し請求に基づく自己株式の取得（会社法176条1項）	×	△
⑦　単元未満株式の買取請求に基づく買取り（会社法192条1項）	○	×

2　会社が、一定の事由が生じたことを条件として取得できることを定款で定めた株式をいう
　（会社法107条2項3号）。
3　株主が会社に対してその取得を請求することができることを定款で定めた株式をいう（会
　社法107条2項2号）。

⑧　所在不明株主の株式について競売に代えて売却を行う場合の、その株式の全部または一部の買取り（会社法197条3項）	△	△
⑨　1株に満たない端数の合計数に相当する数の株式について競売に代えて売却を行う場合の、その株式の全部または一部の買取り（会社法234条4項、235条2項）	△	×
⑩　他の会社（外国会社を含む）の事業の全部を譲り受ける場合において、他の会社が有する当該株式会社の株式（自己の株式）を取得する場合（事業の全部の譲受けに伴う自己株式の取得）	×	×
⑪　（組織再編に伴う承継） イ　合併後消滅する会社から当該株式会社の株式（自己の株式）を承継する場合（合併に伴う自己株式の承継）	△	×
ロ　吸収分割をする会社から当該株式会社の株式（自己の株式）を承継する場合（会社分割に伴う自己株式の承継）	△	×
⑫　自己株式を無償で取得する場合	×	×
⑬　株式会社が有する他の法人等の株式等につき当該他の法人等が行う剰余金の配当または残余財産の分配により自己株式の交付を受ける場合（これらに相当する行為を含む）	×	△
⑭　株式会社が有する他の法人等の株式等につき当該他の法人等が行う次に掲げる行為に際して当該株式等と引き換えに自己株式の交付を受ける場合 イ　組織の変更 ロ　合併 ハ　株式交換（会社法以外の法令（外国の法令を含む）に基づく株式交換に相当する行為を含む） ニ　取得条項付株式（これに相当する株式等を含む）の取得 ホ　全部取得条項付種類株式（これに相当する株式等を含む）の取得	×	×
⑮　株式会社が有する他の法人等の新株予約権等を当該他の法人等が当該新株予約権等の定めに基づき取得することと引き換えに自己株式の交付を受ける場合	×	×
⑯　株式会社が反対株主の株式買取請求に応じて自己株式を取得する場合	△	×

⑰　他の法人等（会社および外国会社を除く）の事業の全部を譲り受ける場合において、当該他の法人等の有する自己株式を譲り受けるとき	×	×
⑱　その権利の実行に当たり目的を達成するために当該株式会社の株式を取得することが必要かつ不可欠である場合	×	×

○：よく発生する、または少なからず発生する
△：時々発生する、またはたまに発生する
×：めったに発生しない

　上記の表では、大企業と中小企業の別に、発生する頻度を表す記号を記載している。最も多く発生するのは、「③株主との合意による取得」である。この中には、上場会社が市場取引等により取得する場合も含まれるし、中小企業が特定の株主から相対で取得する場合も含まれる。

　また、上場会社においては、「⑦単元未満株式の買取請求に基づく買取り」が日常的に発生するのが通常である。中小企業においては、定款をもって株式に譲渡制限を付している場合がほとんどであり、譲渡制限株式の譲渡等を承認しなかった場合の、株式会社の譲渡等承認請求者からの買取りが行われるケースがみられる。

3. 自己株式の取得に係る類型

　会社法においては、自己株式の取得について、すべての株主に売却の機会を与える手続が定められている。内容が公開買付けに類似しており、「ミニ公開買付け」と表現される。市場取引による自己株式の取得は別の規定で定められている。

　ただし、後で説明するように、特定の株主を定めて取得する手続も別に置かれており、ケースによって使い分ける必要がある。非公開会社（株式譲渡制限会社）の場合は、特定の株主を定めて取得するケースが多いものと想定されるのに対して、上場会社等の場合は、市場取引による取得を行うケースが多い。ただし、公開会社であっても、特定の株主からの取得を

行う場合もある。特定の株主からの自己株式取得については、手続の規制
はより厳しい。

　また、市場価格のある株式の相対取得、子会社からの取得、相続人等の
一般承継人からの取得については、株主との合意による取得の一種である
が、取得手続について特則が設けられているため、特殊な自己株式の取得
として位置づけられる。

自己株式の取得の類型

	大企業	中小企業
①　すべての株主に売却の機会を与えて行う自己株式取得（ミニ公開買付け）	×	○
②　特定の株主からの自己株式取得	○	○
③　特殊な自己株式の取得 市場価格のある株式を市場価格以下で取得する場合の特例	○	×
相続人等からの取得の特例	×	○
子会社からの自己株式の取得の特例	○	○
④　市場取引による自己株式取得の特例	○	×

○：活用することがあり得る
×：活用することはない

Ⅲ　株主との合意による取得

1. すべての株主に売却の機会を与えて行う取得手続（ミニ公開買付け）

　株主全員に譲渡の勧誘をする方法であり、閉鎖型の会社において、自己
株式の取得を平等に行うための方法であり、上場会社においてこの方法を
用いることはできない（金商法27条の22の2第1項）。

　株主総会の決議により、自己株式の取得に係る基本的な事項を定めてお
いて、取得の都度、取締役会決議により、具体的な事項を定め、株主全員

に通知する必要がある。通知を受けた株主は、その有する株式を譲渡するかどうかを判断し、譲渡する者は申込期日までに申し込むことになる。

(1) 株主総会決議

会社が株主との合意により自己株式を有償で取得するには、あらかじめ、株主総会の決議によって、次に掲げる事項を定めなければならない（会社法156条1項）。株主総会の普通決議が必要である。

株主総会の決議事項

①　取得する株式の数（種類株式発行会社の場合は、株式の種類および種類ごとの数） ②　株式を取得するのと引換えに交付する金銭等（当該会社の株式を除く）の内容およびその総額 ③　株式を取得することができる期間（1年を超えることはできない）

株主総会は定時株主総会でも臨時株主総会でも構わない。会社法上、臨時株主総会により機動的に対応できるようになっている。また、決議事項のなかに対価として交付する「交付する金銭等の内容およびその総額」とあるので、金銭以外の財産を交付することを決議することもできることを意味している。剰余金の配当の取扱い（いわゆる現物配当）との平仄を合わせているものと考えられる。

(2) 取締役会の決議

会社は、(1)の株主総会決議に従い株式を取得しようとするときは、その都度、次に掲げる事項を定めなければならない（会社法157条1項）。取締役会設置会社においては取締役会が決議し（同条2項）、それ以外の会社においては株主総会決議を要する[4]。株式の取得の条件は、均等に定めなければならない（同条3項）。

---

[4]　取締役会非設置会社の場合に、取締役の過半数をもって決定するのか、株主総会決議を要するのかについて規定上明確ではないが、1株当たり取得価額等の決定の重要性に鑑み、株主総会決議を要する（通常は会社法156条の総会決議と同時に決定する）と解する見解が有力である（江頭憲治郎「株式会社法（第7版）」（有斐閣）P257）。

取締役会（または株主総会）の決議事項

> ①　取得する株式の数（種類株式発行会社の場合は、株式の種類および数）
> ②　株式1株を取得するのと引換えに交付する金銭等の内容および数もしくは額またはこれらの算定方法
> ③　株式を取得するのと引換えに交付する金銭等の総額
> ④　株式の譲渡しの申込みの期日

　(1)の株主総会決議の決定を受けて、実際に取得しようとするときは、取締役会が具体的な内容を決定する必要がある。「株式1株を取得するのと引換えに交付する金銭等の内容および数もしくは額またはこれらの算定方法」とあるが、一般的に想定される金銭の交付の場合は、1株当たり○○○円と1株当たり取得価額を定めればよい。

(3)　株主に対する通知

　会社は、株主（種類株式発行会社においては、取得する株式の種類の種類株主）に対し、(2)に掲げる事項（取締役会または株主総会が決議した事項）を通知しなければならない（会社法158条1項）。公開会社においては、通知に代えて、公告によることができる（同条2項）。

(4)　譲渡しの申込み

　通知を受けた株主は、その有する株式の譲渡しの申込みをしようとするときは、会社に対し、その申込みに係る株式の数（種類株式発行会社の場合は、株式の種類および数）を明らかにしなければならない（会社法159条1項）。

　会社は、申込期日（株式の譲渡しの申込みの期日）において、株主が申込みをした株式の譲受けを承諾したものとみなす。株主は、申込みをするかどうかを判断し、申込みをする場合は、その株式の数を明らかにする。1株当たり取得価額も知らされたうえで判断できるため、株主は的確に判断することができる。

　ただし、申込総数が（取締役会が決議した）「取得する株式の数」（取得総数）を超えるときは、取得総数を申込総数で除して得た数に、各株主が

申込みをした株式の数を乗じて得た数（1株に満たない端数が生じる場合は、切り捨てる）の株式の譲受けを承諾したものとみなす（同条2項）。すなわち、申込総数が取得総数を超える場合は、各株主が申込みをした株式の数に応じて按分する。株主平等原則に配慮した取扱いが定められている。

申込総数　＞　取得総数の場合

$$\frac{取得総数}{申込総数} \times \begin{matrix}各株主が申込み \\ をした株式の数\end{matrix} = \begin{matrix}各株主について譲受けを \\ 承諾したものとみなされる数\end{matrix}$$

　すべての株主に譲渡の機会を与える取得手続であり、ミニ公開買付けといえる内容であるが、市場取引・公開買付け以外の方法による取得であり、上場会社以外の会社が活用する方法である[5]。閉鎖的な会社において、自己株式の取得を公平に行う方法として位置づけられる。また、次項で解説するように、相対取引による特定の株主からの取得に相当する手続も、別途定められている。

ミニ公開買付けの手続

---

(1) 株主総会の決議

決定事項
　取得株数、交付する金銭等の内容および総額（金銭の場合は、金銭を総額いくらと定める）、取得することができる期間（1年以内で設定）

↓

(2) 取締役会決議

決定事項
　取得株数、1株を取得するのと引換えに交付する金銭等の内容・数もしくは額またはこれらの算定方法（金銭の場合は、通常1株当たり取得価額）、株式を取得するのと引換えに交付する金銭等の総額（取得価額の総額）、申込期日

↓

(3) 株主に対する通知

　(2)の決定事項を通知（公開会社は公告可）

5　上場会社は、この方法を利用することができない（金融商品取引法27条の22の2第1項）。

↓

（4）株主の申込み

　株主は(3)の通知を受けて、その内容を踏まえて申し込むかどうかを判断する。

（申し込む場合は、申込期日までに申し込む）

---

2. 特定の株主からの取得

(1) 特定の株主からの取得手続

① 株主総会の特別決議

　先のミニ公開買付けの手続とは別に、特定の株主を対象とした自己株式の取得も可能である。次の手続に従う。特定の株主からの取得であり、株主平等原則に特に配慮する必要性から、手続はより厳格である。

　会社は、前項の(1)に掲げる事項の（株主総会の）決定に併せて、その株主総会の決議によって、(3)の通知を特定の株主に対して行う旨を定めることができる（会社法160条1項）。この決定は、普通決議ではなく、特別決議による必要がある（会社法309条2項2号括弧書）。通知を特定の株主に対して行うということは、結果として特定の株主から自己株式を取得することになることを意味している。

② 売主追加請求権の保障

　会社は、そのような決定をしようとするときは、法務省令で定める時までに、株主（種類株式発行会社の場合は、取得する株式の種類の種類株主）に対し、（株主が）次の請求をすることができる旨を通知しなければならない（同条2項）。すなわち、株主は、特定の株主のほかに譲渡人として自己をも加えたものを株主総会の議案とすることを、法務省令で定める時までに、請求することができる（同条3項）。この請求できる権利を「売主追加請求権」という。株主が請求できる期限は、法務省令により、株主総会の日の5日（定款でこれを下回る期間を定めた場合は、その期間）前であると定められている（会社法施行規則29条）。

　売主追加請求権は、特定の株主から取得しようとする場合であっても、他の株主が自己をも売主に追加するように議案修正を請求できる強い権利である。株主平等原則に配慮した取扱いである。特定の株主から自己株式を取得しようとする場合は、株主平等原則の観点から、他の株主にも平等に売却する機会を保障しているわけである。会社は、そのような請求があったときは、拒むことはできない。

　ただし、次に説明する(2)市場価格のある株式を市場価格以下で取得する場合、(3)相続人等の一般承継人からの取得、(4)子会社からの取得については、他の株主に売主追加請求権を認めなくてよい特例が置かれている。

　会社は、1株当たり取得価額も含めた決定事項を特定の株主および売主に加わる株主に対し、通知する必要がある（会社法160条5項）。

　以下、特定の株主から自己株式を取得するときの株主総会議事録および取締役会議事録の記載例を示す。

自己株式の取得に係る株主総会議事録の記載例

株主総会議事録

　令和○年○月○日午前10時より、当会社本社において、臨時株主総会を開催した。

株主総数	○○名
発行済株式総数	○○○株
総株主の議決権数	○○○個
出席株主数	○○名（うち委任状○名）
出席株主の議決権の数	○○○個

　以上のとおり総株主の議決権の過半数を有する株主が出席したので、臨時株主総会は適法に成立した。

　代表取締役社長甲野太郎は議長となり、開会を宣し、議事を進行した。

第○号議案 特定の株主から自己株式を取得する件

　議長は、以下のとおり特定の株主から当社の株式を取得する必要がある旨を詳細に説明し、その賛否を議場に諮ったところ、満場一致の賛成を得てこれを承認可決し、午前10時30分閉会を宣した。

　なお、本件について、株主甲山一郎氏は、会社法第160条第4項の規定により議決権の行使をしていない。
1．取得する株式の種類および数
　普通株式100株
2．株式1株を取得するのと引き換えに交付する金銭等の内容および総額
　1株につき金銭50,000円、総額5,000,000円
3．株式を取得することができる期間
　令和○年○月○日から令和○年○月○日まで
4．会社法第160条第1項により通知を行う株主　甲山一郎氏
　上記決議を明確にするため、この議事録を作り、議長および出席取締役において記名押印する。
　令和○年○月○日

　　　　　　　　　　　　　　　　　　　　　　　　　　　○○○株式会社
　　　　　　　　　　　　　議長　代表取締役　　　甲野太郎　印
　　　　　　　　　　　　　取　締　役　　　　　　甲野一郎　印
　　　　　　　　　　　　　取　締　役　　　　　　甲野花子　印
　　　　　　　　　　　　　監　査　役　　　　　　乙田健一　印

自己株式の取得に係る取締役会議事録の記載例

取締役会議事録

　令和○年○月○日午前○○時○○分、当会社本社において、取締役3名の出席をもとに（総取締役3名）、取締役会を開催した。
　代表取締役社長甲野太郎は議長となり、令和○年○月○日に開催された臨時株主総会において決議された自己株式の取得について、下記の要領で実行したい旨を説明し、賛否を諮った。
　本件について、出席取締役の全員が賛成し、次のとおりの内容で可決決定し、午前○○時○○分閉会を宣した。
記
1．取得する株式の種類および数
　普通株式　100株
2．株式1株を取得するのと引き換えに交付する金銭
　1株につき50,000円
3．株式を取得するのと引き換えに交付する金銭の総額
　5,000,000円
4．株式の譲渡しの申込みの期日
　令和○年○月○日

5．当社の株式を取得する株主
　甲山一郎氏
　以上の決議を明確にするため、この議事録を作成し、出席取締役の全員が
これに記名押印する。
　令和○年○月○日
　　　　　　　　　　　　　　　　　　　　　○○○株式会社取締役会
　　　　　　　　　　　出席取締役　　　　　　　甲野太郎　印
　　　　　　　　　　　　同　　　　　　　　　　甲野一郎　印
　　　　　　　　　　　　同　　　　　　　　　　甲野花子　印
　　　　　　　　　　　出席監査役　　　　　　　乙田健一　印

　会社は、株主に対して、取締役会で決議した内容を通知しなければなら
ない。通知書および株主の申込書の記載例を示す。

通知書

（会社法第158条第1項に係る通知書）

　　　　　　　　　　　　　　　　　　　　令和○年○月○日
甲山一郎殿
　　　　　　　　　　　　　　　東京都千代田区○○町○－○－○
　　　　　　　　　　　　　　　　　　　　○○○株式会社
　　　　　　　　　　　　　　　　代表取締役　甲野太郎

　当会社は、下記に記載のとおり、当会社の発行する株式を取得することと
致しましたので、ご通知を差し上げます。
　　　　　　　　　　　　　　　記
1．商号　　　　○○○株式会社
2．自己株式の取得価格等
　①　取得する株式の種類および数　　　　普通株式　　100株
　②　1株当たりの取得価格　　　　　　　1株につき金50,000円
　③　取得と引き換えに交付する金銭の総額　　　　金5,000,000円
　④　株式の譲渡しの申込みの期日　　　　令和○年○月○日
　　　　　　　　　　　　　　　　　　　　　　　以　上

株式の譲渡しに係る申込書

（会社法第159条第1項に係る申込書）

令和○年○月○日

○○○株式会社　御中

譲渡しに係る申込人

住所　東京都渋谷区○○町○－○－○

氏名　甲山一郎　㊞

　貴社の株式の譲渡し（申込みの期日：令和○年○月○日）につき、会社法第159条第1項に基づき、下記のとおり申し込みます。

記

1．譲り渡そうとする株式の種類および数　　　普通株式　100株
2．1株当たりの取得価格　　　　　　　　　　1株につき金50,000円

以上

---

(2) 市場価格のある株式を市場価格以下で取得する場合の特例

　売主追加請求の手続は、取得する株式が市場価格のある株式である場合において、その株式1株を取得するのと引換えに交付する金銭等の額がその株式1株の市場価格として法務省令で定める方法により算定されるものを超えないときは、不要である（会社法161条）。特定の株主からの取得であるにもかかわらず、売主追加請求権の対象外としているのは、市場価格のある株式を市場価格以下で取得する分には、他の株主の利益を害するおそれがないからである。

　市場価格とは、具体的には、①株主総会の決議の日の前日における最終取引価格、②公開買付けの対象であるときは、公開買付け契約における価格、以上の金額のうちいずれか高い額である（会社法施行規則30条）。

(3) 相続人等からの取得の特例

　会社が株主の相続人その他の一般承継人（合併・分割等により取得した者）からその相続その他の一般承継により取得した当該会社の株式を取得する場合には、会社法160条2項、3項の規定（売主追加請求の手続）は必要ない。ただし、次のいずれかに該当する場合は、売主追加請求の手続

を原則どおり適用しなければならない（会社法162条1項）。

> ①　株式会社が公開会社である場合
> ②　当該相続人その他の一般承継人が株主総会において当該株式について議決権を行使した場合

　②の要件がわかりにくいと思われるが、相続人等の一般承継人が相続等により取得した株式について議決権行使をした場合は、株主がその取得した株式を手放さずに株主としてとどまることを選択したことになるため、原則どおりの取扱い（他の株主に売主追加請求権を認める取扱い）を適用する必要があるという意味である。

　この特例は、相続等により当該会社にとって好ましくない者が株主となった場合において当該株主も株式を手放すことについて異議がない場合に、その状態を解消しやすくするための措置であるとされている[6]。

　非公開会社（株式譲渡制限会社）の場合で、かつ、相続人等の一般承継人が相続等により取得した株式について株主総会において議決権を行使していない場合は、相続人等の一般承継人から自己株式を取得するにあたっては、相続人等の一般承継人を除いた株主による株主総会の特別決議の決定があれば、相続人等のみからピンポイントで自己株式の取得ができることを意味している。しかも定時株主総会によらないで、臨時株主総会で機動的に対応できる。

　相続財産に株式が含まれていて、かつ、相続税の納税義務が生じる場合において、相続税の申告期限から3年以内の相続人からの自己株式の取得についてみなし配当課税を行わないという特例措置（措法9条の7）が置かれている点を考え併せると、相続税の支払資金の捻出手段としての活用が十分に考えられる。

6　相澤哲・豊田祐子「新会社法の解説(4)　株式（株式会社による自己の株式の取得）」商事法務 No.1740、p 48。

(4) 子会社からの自己株式の取得の特例

　会社がその子会社の有する当該会社の株式を自己株式として取得する場合は、取締役会設置会社については取締役会が会社法156条1項の事項を決定できるが、取締役会非設置会社については原則通り株主総会が決定する（会社法163条）。

　この場合、会社法157条から160条までの規定は適用しない。要するに、自己株式の取得に係る決議を株主総会ではなく取締役会で行い、その後の具体的な取得段階での取締役会決議は要せず、取締役等の業務執行者が取得株数等の決定を行えば足りる。もちろん他の株主に売主追加請求権はない。

(5) 市場取引による株式の取得の特例

　市場取引または公開買付け（「市場取引等」という）により自己株式を取得する場合には、会社法157条から160条までの規定は適用されない（会社法165条1項）。すなわち、すべての株主に売却の機会を与えて行う取得手続は必要ない。もちろん他の株主に売主追加請求権はない。

　原則として、株主総会において、会社法156条1項に掲げる事項を定めて取得すればよい。ただし、取締役会設置会社は、市場取引等により自己株式を取得することを取締役会の決議によって定めることができる旨を定款で定めることができる（同条2項）。

　取締役会設置会社は、取締役会決議によって定めることができる旨を定款で定めておけば、取締役会決議により機動的な自己株式の取得が可能である。機動的に自己株式の取得を行いたいという産業界のニーズにより、平成15年商法改正により実現した取扱いが会社法に継承されているものである。上場会社の多くは、定款に取締役会決議により取得することができる旨を定めている。これにより、機動的な取得が可能となる。

(6) 特定の株主からの取得に関する定款の定め

　会社は、株式（種類株式発行会社の場合は、ある種類の株式）の取得について、会社法160条1項の規定による決定（特定の株主からの取得）を

するときは、同条2項、3項の規定（売主追加請求の手続）を適用しない
旨を定款で定めることができる（会社法164条1項）。

　特定の株主からの取得の場合は、本来、株主に売主追加請求権が認めら
れているわけであるから、その権利を排除するためには、株主全員の同意
が要件とされている。すなわち、株式の発行後に定款を変更してその株式
についてそのような定款の定めを設け、またはその定めについての定款の
変更（そのような定款の定めを廃止する場合を除く）をしようとするとき
は、株主平等原則の観点から、その株式を有する株主全員の同意が必要で
ある（同条2項）。

3. 相続人等に対する売渡しの請求

　非公開会社（株式譲渡制限会社）は閉鎖的な会社であることが想定さ
れ、会社にとって好ましくない者を排除するために、株式の譲渡制限の定
めを定款に定めているのが通例である。中小企業の多くは非公開会社（株
式譲渡制限会社）であるが、その閉鎖性を維持するために、そのような定
めをしていると考えられる。

　ところが、次に説明する相続人等に対する売渡しの請求（会社法174
条）は、株式の譲渡に関する制限ではなく、相続や合併などの一般承継に
よる株式の移転に関する制限である。株式譲渡制限制度は、譲渡という特
定承継に限定した取扱いであり、相続や合併などの包括承継は適用対象外
であると解されていた。会社法174条の定款の定めを活用すれば、相続な
どの一般承継に関して、会社にとって好ましくない者への移転について、
制限をかけることができる。この制度は、閉鎖性の強い中小企業ほど利用
価値のあるものである。

特定承継・一般承継による株式の移転と制限をかける方法

	具体的な態様	制限をかける方法
特定承継	株式の譲渡	株式を譲渡することについて、取締役会の承認が必要であると定款に定めを置く

一般承継	相続、合併・分割等による株式の移転	相続等による株式の承継について、相続人等に対して株式の売渡しを請求することができる旨の定款の定めを置く

(1) 相続人等に対する売渡しの請求に関する定款の定め

　会社は、相続その他の一般承継によりその株式会社の株式（譲渡制限株式に限る）を取得した者に対し、その株式を売り渡すことを請求することができる旨を定款で定めることができる（会社法174条）。譲渡制限株式に限り、売渡し請求できる旨を定款に定めることができる点に留意する必要がある。

　相続や合併等の一般承継についても、譲渡の場合と実質的に同様の制限を定款に定めることができることを意味している。株式が相続人等の一般承継人に移転することを前提とし、会社がその移転を承認しないときは、その株式を買い取ることができるものとする取扱いである。譲渡人の同意は必要とせず、会社は売渡し請求により強制的に株式を取得することができる。また、定款の定めは、相続等の前か後かは問わず、相続等の後でも定款に定め、売渡請求を行うことができる。

　なお、会社が、相続により取得した者から、売渡し請求により自己株式を取得した場合は、その株式が相続財産に含まれており、かつ、相続税の納税義務が生じている場合には、相続税の申告期限から3年以内の取得については、みなし配当課税の適用除外措置（措法9条の7）の適用を受けることができる。みなし配当の適用を受けないということは、株式の譲渡所得のみとなるため、申告分離課税（税率20.42％）のみで済み、かつ、取得費加算特例（措法39条）[7]を併せて利用できるため、税負担は通常の場合に比べて少なく済むケースが多い。

　なお、相続人等に対する売渡し請求に係る定款の記載例は、次のとおり

---

[7]　取得費加算特例とは、相続または遺贈により取得した株式等を、相続税の申告書の提出期限の翌日から3年以内に譲渡した場合には、その相続税額のうち譲渡した株式等に対応する金額を、譲渡した株式等の譲渡所得の計算上取得費に加算することができる特例である（株式以外でも適用あり）。

である。

相続人等に対する売渡し請求についての定款の記載例

（相続人等に対する売渡しの請求）
第○条　当会社は、相続その他の一般承継により当会社の株式を取得した
者に対し、当該株式を当会社に売り渡すことを請求することができる。

(2) 売渡しの請求の決定

　定款の定めに基づいて売渡し請求をするときは、その都度、株主総会の
決議によって、次に掲げる事項を定めなければならない（会社法175条1
項）。決議要件は、特別決議である（会社法309条2項3号）。

株主総会の決議事項

①　売渡し請求をする株式の数（種類株式発行会社の場合、株式の種類お
　よび種類ごとの数）
②　①の売渡し請求の対象となった株式を有する者の氏名または名称

　売渡し請求の対象となった株式を有する者（相続人等の一般承継者）
は、その株主総会において議決権を行使することができない。利害関係者
に当たるからである。ただし、その者以外の株主の全部がその株主総会に
おいて議決権を行使することができない場合は、行使することができる
（会社法175条2項）。

相続人等に対する売渡しの請求の仕組み

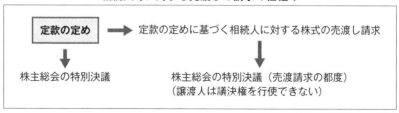

(3) 売渡しの請求

　会社は、(2)に掲げる事項を定めたときは、相続人または一般承継者に
対し、売渡しを請求することができる。ただし、会社が、相続その他の一
般承継があったことを知った日から1年を経過したときは、請求すること

ができない（会社法176条 1 項）。会社からの売渡し請求という一方的な行為により取得することができる制度であるため、株主の不安定な立場を長期間にすべきでないという理由により、請求期限を 1 年としているものである。

　請求をする場合は、その請求に係る株式の数（種類株式発行会社の場合、株式の種類および種類ごとの数）を明らかにしてしなければならない（同条 2 項）。

　また、株式会社は、その請求をいつでも撤回することができる（同条 3 項）。

(4) 売買価格の決定

　売渡しの請求があった場合は、売渡し請求の対象となる株式の売買価格は、株式会社と相続人または一般承継者との協議によって定める（会社法177条 1 項）。

　ただし、両者のいずれからも、売渡しの請求があった日から20日以内に、裁判所に対し、売買価格の決定の申立てをすることができる（同条 2 項）。その際、供託金は不要である。裁判所は、請求の時における株式会社の資産状態その他一切の事情を考慮して決定しなければならない（同条 3 項）。

　請求の日から20日以内に裁判所に対する申立てがあったときは、裁判所が定めた額をもって売買価格とすることになる。

　裁判所が資産状態その他の一切の事情を考慮して決定するといった場合には、裁量の範囲が広く、時価純資産価額（土地、上場有価証券は時価評価するが、譲渡であるから会社の継続を前提に法人税額等相当額の控除はしない）、類似業種比準価額、収益還元価額、配当還元価額などから、その会社の事情、支配権の有無などの一切の事情を考慮したうえで、いくつかを組み合わせて評価する折衷方式を採用して決定するのが通常であり、税務上もそれが認容される傾向であるが、当事者の協議により決定する場合は、税務上の観点からの慎重な検討が必要であろう。

　協議が調わなかった場合で、かつ、裁判所に対する申立てがない場合は、請求はその効力を失う（同条5項）。すなわち、売渡し請求日から20日以内に協議が調うか、または、裁判所へ申立てをしないと、売渡し請求は効力を失う点に留意する必要がある。実務上は、売渡し請求の時点で、会社は裁判所に対する価格決定申立ての書面を準備しておいて、協議が調わない見込みであるときに、迅速に対応できるようにしておくケースが少なくない。

(5)　剰余金の分配規制との関係

　一般承継人からの自己株式取得となるため、剰余金の分配規制の適用を受ける。すなわち、一般承継人に支払う金銭等の総額が取得の効力発生日における剰余金の分配可能額を超えてはならない（会社法461条1項5号）。取得の対価として交付する財産の帳簿価額が、取得の効力発生日における剰余金の分配可能額を超える場合は、譲渡人、取得行為を行った取締役は、会社に対して連帯して、譲渡人が交付を受けた財産の帳簿価額に相当する金額の支払義務を負うことになる（会社法462条1項）。

　また、取得した結果、期末に欠損が生じたときは、取締役に欠損てん補責任が発生する（会社法465条1項）。

(6)　少数株主からの売渡し請求があったときの対応

　定款の規定に基づき、相続等の一般承継により株式を取得した株主に対して売渡し請求が行われた場合に、売渡し請求を受けた者は、その株主総会において議決権を行使することができないと規定されているため（会社法175条2項）、定款に売渡し請求に係る規定が置かれている状況の下で、相続等により多数の株式を取得した者に対して少数株主が売渡し請求をかけてきたときに、決議が成立して少数株主が経営権を掌握してしまう可能性が生じる。

　ただし、現実的には、相続等により多数の株式を取得したものが、裁判所への価格決定申立ての手続を踏むことにより時間稼ぎをし、その間に取締役の選任議案および（少数株主側のメンバーの）解任議案により取締役

会を支配し、代表取締役を多数株主側で占めてしまえば、少数株主側が会社を代表して売渡し請求という行為を行うことはできないものと解される。

　例えば、長男70％、次男30％の株式を所有している場合、長男が死亡したときに長男の相続人に対して売渡請求がされた場合、長男の相続人は株主総会における売渡請求に係る決議に関して議決権を行使できない。次男が売渡請求に賛成の議決権行使をすることにより決議が成立してしまう可能性が生じる。

少数株主による売渡請求の例

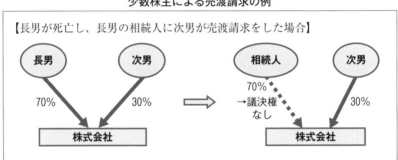

　このようなケースにおいて、長男の相続人は、裁判所による売買価格が決定するまでの間、下記のような措置をとることにより、リスク回避が可能となる。

① 株主総会を招集し、長男の相続人側の取締役を過半数に

　　長男の相続人側の取締役の追加選任

　　次男側の取締役の解任

② 次男に代表権がある場合、売渡請求が可能になるため、取締役会決議により代表権を剥奪

　裁判所による売買価格の決定には一定の期間を要するのが通常であるため、長男の相続人はその間に対応が可能であると思われる。

Ⅳ　自己株式の処分に係る取扱い

1. 自己株式の処分に係る会社法上の取扱い

　自己株式の処分は、会社法上、新株発行（増資）と同一の規定（会社法199条以下）で定められている。それは、経済的実質が同様だからである。新たに株式を発行して金銭等の払込みを受けるのか、すでに所有している自己株式を処分して金銭等の払込みを受けるかの違いに過ぎず、引受人からみれば交付を受ける株式の対価として金銭等の払込みを行うという点で共通している。この点は、税法の規定上も、発行法人において払込金額と同額の資本金等の額を増加するという点において両者は同一の処理になっている（法令8条1項1号）。

2. 自己株式の処分に係る類型

(1) 株主割当てと第三者割当て

　自己株式を処分する場合、新株発行と同様に、株主割当てと第三者割当てという2類型に分かれる。株主割当てとは、すべての株主に対して株式を引き受けることができる権利（株式引受権）を持株数に応じて平等に付与し、株主が申込期日までに申し込んだものについて株式を割り当てる類型である。一方、第三者割当ては、株主に株式引受権を付与しないで、申込者に対して株式の割当てを行う類型である。

株主割当てと第三者割当て

株主割当て	すべての株主に対して株式引受権を持株数に応じて平等に付与し、株主が申込期日までに申し込んだものについて株式を割り当てる形式 →すべての株主が申込みをした場合は、各株主の持分割合に変動は生じない。

| 第三者割当て | 株主に株式引受権を付与しないで、申込者に対して株式の割当を行う形式
→通常、各株主の持分割合が変動する（新たな株主が発生する場合もあり得る）。 |

　株主割当ては、すべての株主に対して持株数に応じて平等に株式引受権を付与して行うので、一見株主間の公平が確保されているようにみえるが、すべての株主が申込みを行うとは限らない。時価を下回る有利な払込金額である場合は、株式の引受けをした者は利益を享受し、株式を引き受けなかった株主はもともと所有している株式の時価が低下することによって不利益を被る。要するに株主間の利益移転（財産移転）が生じ得る。そのような場合は、税務上も、課税関係が生じ得る。また、第三者割当ても、時価を下回る払込金額である場合に、同様の問題が生じ得る。

(2) 金銭払込みと現物資産の給付

　自己株式の処分の対価として金銭の払込みをする場合と、金銭以外の資産（現物資産）の給付をする場合に分かれる。金銭以外の資産の給付をする場合は、新株発行を現物出資により行ったのと同様の取扱いになる。

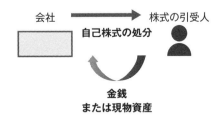

　対価が金銭であるか現物資産であるかの違いであるが、現物資産である場合はその評価が適正でないと割り当てる株式の数も適正にならないという問題が生じるので、原則として、検査役の調査またはそれに代わる弁護士、公認会計士、税理士等の証明が必要とされている（会社法207条1項）。

　この現物出資における現物資産の評価の問題は、税務上の取扱いにも関係してくる。現物資産の価額が500万円以下である場合は検査役の調査ま

たは弁護士の証明等を省略できるが、そのとき現物資産の評価が過大評価
または過小評価であったときは、株式を引き受ける引受人と既存の株主と
の間で利益移転（財産移転）が生じることになり、その結果課税関係が生
じ得る。

(3) 有利発行である場合の法律規制

　自己株式の処分に係る払込金額が時価を下回る場合は、有利発行による
増資と同様の規定が適用される。有利発行による増資の場合、有利な価額
で引き受けた引受人は経済的利益（＝取得した新株の含み益）を享受する
が、引受けをしなかった既存の株主の所有している株式の時価は希薄化に
より低下する。したがって、新株の引受けしなかった株主から新株の引受
人に対する利益移転（財産移転）が生じることになる。

　したがって、有利発行の場合は会社法上厳格な手続規制が課せられてい
る。すなわち、払込金額が特に有利な価額である場合は、原則として株主
総会の特別決議が必要であり、株主総会において取締役は特に有利な価額
で発行することを必要とする理由を説明しなければならない（会社法199
条3項）。株主の利益を害することがないようにという趣旨である。

　ただし、株主割当ての場合は、株式引受権が各株主に平等に付与される
ので、公開会社の場合は一律取締役会決議、非公開会社の場合は取締役会
で決議できると定款に定めがあることを条件として取締役会決議でよいと
されている。

3. 自己株式の処分に係る法律手続

　自己株式を処分する場合、株主割当てにより行うことは非常に少なく、
大部分のケースにおいて特定の者に処分する第三者割当てにより行う。以
下、第三者割当てによる場合を前提として、具体的な手続を解説する。

　なお、特定の者が既存の株主であっても、すべての株主に株式引受権を
付与した上で処分する株主割当てには該当せず、類型上は第三者割当てに
該当する。

(1) 第三者割当ての意義

　第三者割当ては、株主に株式の割当てを受ける権利を与えないで、募集株式の申込者に対して会社が割当ての決定をして株式を発行する方法である。既存の株主に株式引受権を平等に付与する株主割当増資と異なり、持株割合に応じないで自己株式の処分を行う形態である。したがって、既存の株主の持株割合に変動が生じる。たとえ既存の株主を対象とした自己株式の処分であっても、株式引受権を付与しないで割り当てるものは、第三者割当ての類型に該当することになる点に留意する必要がある。

(2) 募集事項の決議機関

　株式会社は、その処分する自己株式を引き受ける者の募集をしようとするときは、その都度、募集株式（その募集に応じてこれらの株式の引受けの申込をした者に対して割り当てる株式をいう）について一定の事項（募集事項）を定めなければならない（会社法199条1項）。

　募集事項の決定は、原則として、株主総会の決議による必要がある（同条2項）。決議要件は、特別決議とされている（会社法309条2項5号）。ただし、会社が置かれた状況次第で手続の機動性・柔軟性が求められる場面もあり得るため、募集事項の決定を株主総会決議により、取締役（取締役会設置会社の場合、取締役会）に委任することもできる。

　また、公開会社[8]については、特則により、払込金額が特に有利な金額である場合（有利発行の場合）を除いて、募集事項の決定は取締役会の決議事項とされている（会社法201条1項）。

　募集事項の決定を株主総会決議により、取締役（取締役会設置会社の場合、取締役会）に委任する場合は、その委任に基づいて決定をすることができる募集株式の数の上限および払込金額の下限を定めなければならない（会社法200条1項）。株主の利益を保護する趣旨から、その授権の範囲について一定の制限がされるという趣旨である。

8　公開会社とは、会社法上、株式譲渡制限会社以外の会社をいう。株式譲渡制限会社のことを非公開会社という。

株式会社の区分と募集事項等の決定機関（第三者割当て）

区　　分	決定機関
①　株主総会決議によって、取締役（取締役会設置会社の場合、取締役会）に委任する場合	取締役会決議または取締役の決定
②　株主総会決議によって、取締役（取締役会設置会社の場合、取締役会）に委任しない場合	株主総会の決議
③　公開会社である場合（有利発行の場合を除く）	取締役会の決議

　払込金額が募集株式を引き受ける者に特に有利な金額である場合には、取締役は、株主総会において、特に有利な払込金額でその者の募集をすることを必要とする理由を説明しなければならない（会社法199条3項）。払込金額が特に有利な金額である場合には、その募集事項の決定に係る株主総会の決議において特に有利な金額で募集をすることを必要とする理由を説明したうえで、募集事項の決議を行う。

　また、会社法上、募集株式の申込みと割当てが、規定上区別されている。株主は申込みをした場合に、会社はその申込者のなかから割当てを受ける者を定め、その者に割り当てる募集株式の数を定めなければならない。申込書に記載された引受希望株式数の範囲内で割当てを決定することとなる。また、割り当てる株式は新株でもよいし、自己株式でもよい。その点、会社法は新株の発行と自己株式の処分を同じ規定にまとめている。

　ただし、特定の者と総数引受契約を締結し、その者が募集株式の総数を引き受ける場合は、割当ての手続は不要である。実務上は、総数引受方式による場合が多い。総数引受方式による場合、取締役会設置会社については、総数引受契約の締結について取締役会の承認決議が必要である（会社法205条2項）。

(3) 手続の内容

　以下、第三者割当ての手続をフローチャートにまとめると次のようになる。

第三者割当ての手続

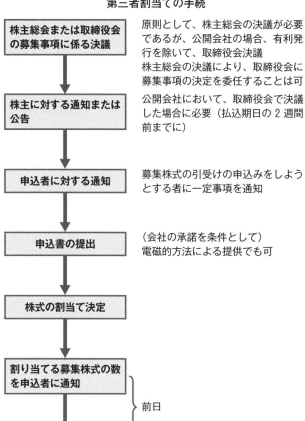

| 株主総会または取締役会の募集事項に係る決議 | 原則として、株主総会の決議が必要であるが、公開会社の場合、有利発行を除いて、取締役会決議
株主総会の決議により、取締役会に募集事項の決定を委任することは可 |

株主に対する通知または公告 — 公開会社において、取締役会で決議した場合に必要（払込期日の2週間前までに）

申込者に対する通知 — 募集株式の引受けの申込みをしようとする者に一定事項を通知

申込書の提出 — （会社の承諾を条件として）電磁的方法による提供でも可

株式の割当て決定

割り当てる募集株式の数を申込者に通知

前日

払込期日　　　払込取扱金融機関に対して全額の払込み

（注1）　自己株式の処分の場合、新株発行と異なり、資本金も発行済株式総数も変動しないため、変更登記は不要である。

（注2）　総数引受方式による場合は、上記の手続のうちの申込者に対する通知、申込書の提出、割当ての決定および割り当てる募集株式の数の通知の手続は不要である（会社法205条1項）。

以下、フローチャート上の各手続の内容を説明する。

① 株主総会または取締役会の決議

株主総会または取締役会で決議すべき募集事項は、次のとおりである（会社法199条1項）。

第三者割当てに係る決議事項（募集事項）

・募集株式の数（種類株式発行会社の場合、募集株式の種類および数）
・募集株式の払込金額（募集株式1株と引換えに払い込む金銭または給付
　する金銭以外の財産の額をいう）またはその算定方法
・金銭以外の資産の給付による場合は、その旨ならびにその財産の内容お
　よび価額
・募集株式と引換えにする金銭の払込み（金銭以外の資産の給付による場
　合には、財産の給付）の期日またはその期間

　募集事項としては、募集株式の数（処分する株式の数）および払込金額
（1株当たり払込金額）があるが、金銭以外の資産の給付による場合は、
1株当たりの給付する財産の額を定めればよい。

　金銭以外の資産の給付による場合は、その旨ならびに財産の内容および
価額を決定する必要がある。

　自己株式の処分の場合は、資本金および資本準備金は変動しないため、
新株発行の場合に要求されている「増加する資本金および資本準備金に関
する事項」を定める必要はない。

　なお、すでに説明したように、第三者割当ては、原則として、株主総会
の特別決議により募集事項を決定する。ただし、募集事項の決定を株主総
会決議により、取締役（取締役会設置会社の場合、取締役会）に委任する
こともできるし、公開会社については、特則により、募集事項の決定は、
有利発行の場合を除いて取締役会の決議事項とされている（会社法200条
1項、201条1項）。

　なお、市場価格のある株式を「公正な価額」で処分する場合は、取締役
会において具体的な価額ではなく、「算定の方法」を定めればよいとされ
ている。また、市場価格のない株式を処分する場合は、一定の根拠に基づ
いた価額の算定が必要となる。市場価格のない株式に係る「公正な価額」
の算定は、税務上も重要な問題となりうる。法人税基本通達に定められた
非上場株式の価額に関する取扱いなどを参酌して対応する場合が多いと考
えられる。

　以下、第三者割当ての募集事項の決定に係る株主総会議事録の記載例を掲げるものとする。後で説明するように、募集事項の決定と株式の割当ては、規定上区別されているが、総数引受方式の場合（募集株式を引き受けようとする者がその総数の引受けを行う契約を締結する場合）には、申込者に対する通知や割当ての決定の手続は不要となるため（会社法205条1項）、記載例のように、割当先（割当てを受ける者）を最初から定めて決議することも可能である。実務上は、この総数引受方式による場合が多い。

第三者割当ての場合における株主総会議事録の記載例

　令和○年○月○日午前9時より、当会社本社において、臨時株主総会を開催した。
　　株主総数　　　　　　　　　○○名
　　総株主の議決権数　　　　　○○○個
　　出席株主数　　　　　　　　○○名（うち委任状○名）
　　この有する議決権数　　　　○○○個
　以上のとおり総株主の議決権の過半数を有する株主が出席したので、募集事項の決議は適法に成立した。
　代表取締役社長甲野太郎は議長となり、開会を宣し、議事を進行した。

第1号議案　自己株式の処分の件
　議長は、以下のとおり自己株式の処分を行いたい旨説明し、その審議を求めたところ、満場一致の賛成を得てこれを承認可決した。
　　　　　　　　　　　　　　　記
1　募集株式の数　　普通株式○○株
2　募集株式の払込金額　　1株につき金○○円
3　払込期日　　令和○年○月○日
4　割当ての方法
　　総数引受契約に基づいて、処分する自己株式を次の者に全部割り当てる。
　　斎藤一郎　　引き受ける株式　　普通株式○○株
5　払込取扱金融機関　　　　　　　○○銀行○○支店
　以上をもって、本日の議案の全部を議了したので、午前9時30分、議長は閉会を宣言した。
　上記決議を明確にするために、この議事録を作り、議長および出席取締役において記名押印する。
　令和○年○月○日

○○○株式会社株主総会

議長　代表取締役　甲野太郎　印

取　締　役　　　甲野一郎　印

取　締　役　　　甲野花子　印

監　査　役　　　乙田健一　印

　総数引受方式による場合、会社と引受人との間で募集株式の総数引受契約書を締結する必要がある。取締役会設置会社の場合は、取締役会決議により、契約に関する承認決議が必要となる。総数引受契約書の記載例は、次のとおりである。

募集株式の総数引受契約書の記載例

募集株式の総数引受契約書

（会社法第205条に係る契約書）

令和○年○月○日

　○○○株式会社（以下「会社」という。）および斎藤一郎は、令和○年○月○日開催の取締役会決議および令和○年○月○日開催の臨時株主総会決議に基づく会社の自己株式の処分および斎藤一郎による引受けについて、以下のとおり合意する。

第1条　会社は斎藤一郎に対して、下記の要領で処分する株式○○株を割り当てる。本引受人は本契約をもってこれを引き受け、処分する株式の総数を引き受けるものとする。

記

1．処分する株式の種類および数　　　　普通株式○○株
2．処分価額　　1株につき金○○円
3．処分価額の総額　　　金○○○円
4．払込期日　　令和○年○月○日
5．処分の方法
　斎藤一郎氏に全株式を割り当て、同氏はその全株式を引き受ける。
6．払込みを取り扱う場所
　所在地　東京都中央区○○町○丁目○番○号
　名称　　○○銀行○○支店

口座　　普通預金　口座番号○○○○○○○　当会社名義

　本契約成立の証として、本書2通を作成し、各当事者署名または記名捺印の上、各1通を保有する。

　令和○年○月○日
　会社：　東京都千代田区○○町○丁目○番○号
　　　　　○○○株式会社
　　　　　代表取締役　甲野太郎　　　（代表印）
　本引受人：住所　東京都大田区○○町○丁目○番○号
　　　　　　氏名　斎藤一郎　（個人印（認印でも可））

② 　株主に対する公告または通知（取締役会で募集事項を決定した場合）

　公開会社が、取締役会決議によって募集事項を定めたときは、払込期日（払込期間を定めた場合は、払込期間の初日）の2週間前までに、株主に対し、募集事項（払込金額に代えて「払込金額の決定の方法」を定めた場合は、その方法を含む）を通知しなければならない（会社法201条3項）。また、通知に代えて、公告によることも認められる（同条4項）。株主に対する通知または公告の義務が課されているのは、不公正発行等について、株主が差止請求権を行使する機会を保障するためである。

　ただし、払込期日（払込期間を定めた場合は、払込期間の初日）の2週間前までに、金融商品取引法4条1項または2項の届出（募集または売出しの届出）をしている場合その他の株主の保護に欠けるおそれがないものとして法務省令で定める場合[9]には、通知・公告を省略できる（同条5項）。会社法と金融商品取引法の開示規制の差異により、株式会社に一定のコストおよび実務負担を強いることは適当でないと考えられたことが、この改正の理由であり、金融商品取引法に基づく開示が2週間前までに行われているのであれば、重ねて通知・公告義務を課す必要性が乏しいと考えられるためである。

9　有価証券届出書のほかには、発行登録書および発行登録追補書類、有価証券報告書、四半期報告書、半期報告書、臨時報告書が2週間前までに提出されている場合は、通知・公告義務は課されない（会社法施行規則40条）。

自己株式の処分に関する公告の記載例

令和○年○月○日

株主各位

東京都千代田区○○町○丁目○番○号
○○○株式会社
代表取締役社長　甲野太郎

自己株式の処分に関する取締役会決議公告

　当社は、令和○年○月○日開催の取締役会において、自己株式の処分につ
いて下記のとおり決議いたしましたので、公告いたします。

記

1．処分する株式の種類および数　　普通株式○○株
2．処分価額　　1株につき金○○円
3．処分価額の総額　　金○○○円
4．払込期日　　令和○年○月○日
5．処分の方法
　斎藤一郎氏に全株式を割り当てる。

以　上

③　申込者に対する通知

　会社は、募集株式の引受けの申込みをしようとする者に対し、次に掲げ
る事項を通知しなければならない（会社法203条1項、会社法施行規則41
条）。また、これらの事項につき変更があった場合は、直ちに、その旨お
よびその変更があった事項を申込者に通知しなければならない（会社法
203条5項）。

申込みをしようとする者に対する通知事項

①　株式会社の商号
②　募集事項
③　金銭の払込みの場合は、払込みの取扱いの場所（払込取扱金融機関）
④　発行可能株式総数
⑤　株式会社が発行する株式の内容として会社法107条1項各号に掲げる事
　項を定めているときは、当該株式の内容（譲渡制限株式、取得請求権付
　株式または取得条項付株式を発行している場合）

⑥　種類株式を発行することができることとしているときは、各種類の株式の内容

⑦　単元株式数についての定款の定めがあるときは、その単元株式数

⑧　次に掲げる定款の定めがあるときは、その規定

イ　会社法第139条1項、140条5項または145条1号もしくは2号に規定する定款の定め

ロ　会社法164条1項に規定する定款の定め

ハ　会社法167条3項に規定する定款の定め

ニ　会社法168条1項または169条2項に規定する定款の定め

ホ　会社法174条に規定する定款の定め

ヘ　会社法347条に規定する定款の定め

ト　会社法施行規則26条1号または2号に規定する定款の定め

⑨　株主名簿管理人を置く旨の定款の定めがあるときは、その氏名または名称および住所ならびに営業所

⑩　定款に定められた事項（①から⑨に掲げる事項を除く）であって、当該株式会社に対し募集株式の引受けの申込者が当該者に対し通知することを請求した事項

　また、会社が、上記の事項を記載した金融商品取引法2条10項に規定する目論見書を、申込みをしようとする者に対して交付している場合その他募集株式の引受けの申込みをしようとする者の保護に欠けるおそれがないものとして法務省令で定める場合には、通知は不要である（会社法203条4項）。

　法務省令で定める場合とは、①当該株式会社が金融商品取引法の規定に基づき目論見書に記載すべき事項を電磁的方法により提供している場合、または②当該株式会社が外国の法令に基づき目論見書その他これに相当する書面その他の資料を提供している場合で、株式会社が申込者に対して上記の①から⑩に掲げる事項を提供している場合である（会社法施行規則42条）。

　通知書に係る記載例は、次のとおりである。

申込者に対する通知の記載例

通知書

（会社法第203条第1項に係る通知書）

令和○年○月○日

斎藤一郎様

東京都千代田区○○町○丁目○番○号
　　　○○○株式会社
　　代表取締役社長　甲野太郎

　拝啓　時下ますますご清栄のこととお慶び申し上げます。
　さて、令和○年○月○日開催の株主総会の決議により、貴殿に株式を割り当てることとなりました。会社法第203条第1項に基づき、募集株式の引受けの申込みに関する事項を下記のとおり、ご通知いたします。

敬具

記

1　商号　　○○○株式会社
2　募集株式の種類および数　　普通株式○○株
3　募集株式の払込金額　　1株につき金○○円
4　払込期日　　令和○年○月○日
5　払込みを取り扱う場所
　所在地　東京都中央区○○町○丁目○番○号
　名称　　○○銀行○○支店
　口座　普通預金　口座番号○○○○○○○　当会社名義
6　その他の事項
(1)　発行可能株式総数　　○○○株
(2)　当会社の株式を譲渡する場合は、当会社の取締役会の承認を要します。

以　上

---

④　申込書の提出

　募集に応じて募集株式の引受けの申込みをする者は、次に掲げる事項を記載した書面を会社に交付しなければならない（会社法203条2項）。また、書面に代えて、株式会社の承諾を得て、書面に記載すべき事項を電磁的方法により提供することができる（同条3項）。

申込みに際して書面に記載すべき事項

①　申込みをする者の氏名または名称および住所
②　引き受けようとする募集株式の数（引受希望株式数）

　株式会社が申込者に対してする通知または催告は、上記の①の住所（その申込者が別に通知または催告を受ける場所または連絡先を株式会社に通知した場合は、その場所または連絡先）にあてて発すればよい（同条6項）。この通知または催告は、その通知または催告が通常到達すべきであった時に、到達したものとみなす（同条7項）。
　申込書の記載例は、次のとおりである。

募集株式の引受申込書の記載例

募集株式の引受申込書

（会社法第203条第2項に係る申込書）

令和○年○月○日

○○○株式会社御中

申込人
住所：東京都大田区○○町○番○号
氏名：斎藤一郎

　私は、下記に記載された内容のとおり、貴社の募集株式の交付（払込期日：令和○年○月○日）につき、会社法の規定に基づき、その全株式を引受申込みいたします。

記

1．申込株式数　　普通株式○○株
2．出資の目的たる財産の内容および額　　金銭　金○○○円
3．払込期日　　令和○年○月○日

以　上

⑤　株式の割当ての決定および募集株式の数の通知
　会社法では、募集事項の決定と割当ての決定の手続は区別されている。株式の申込者に対しての割当てについては、募集事項の決定の手続とは分

離されており、申込者の中から割当てを受ける者および割り当てる株式数を定める必要がある。すなわち、株式会社は、申込者のなかから募集株式の割当てを受ける者を定め、かつ、その者に割り当てる募集株式の数を定めなければならない。この場合、割り当てる募集株式の数を申込者の「引き受けようとする募集株式の数」よりも減少することができる（会社法204条1項）。なお、株主割当ての場合は、株式の申込者に対してその有する株式数に応じて割当てを受ける権利をあらかじめ付与しているわけであるから、申込みをした者に対して自動的に株式を割り当てることになるため、割当ての決定は不要である。

　募集株式が譲渡制限株式である場合には、割当ての決定は、株主総会（取締役会設置会社の場合は、取締役会）の決議によらなければならない[10]。ただし、定款に別段の定めをすることはできる（同条2項）。また、募集株式が譲渡制限株式でない場合は、会社法上の規制はなく、（業務執行）取締役が決定することができる。

　割当ての決定を行った場合には、株式会社は、払込期日（払込期間を定めた場合は、その期間の初日）の前日までに、申込者に対し、その申込者に割り当てる募集株式の数を通知しなければならない（同条3項）。

　なお、総数引受方式の場合（募集株式を引き受けようとする者がその総数の引受けを行う契約を締結する場合）には、申込者に対する通知等の手続（会社法203条）、割当ての決定および割り当てる募集株式の数の通知の手続（会社法204条）は不要である（会社法205条1項）。第三者割当ての場合、最初から募集株式の総数を引き受ける者が確定しているケースも多いと想定され、その場合の手続は簡略になる。実務上、総数引受方式によっている場合が多い。

　総数引受方式によらない場合は、次のような内容の通知書により、申込者に対して、払込期日の前日までに割り当てる株式数を通知しなければならない。

10　株主総会の決議を要する場合は、特別決議要件となる（会社法309条2項5号）。

割り当てる株式数に係る通知書の記載例

通知書

（会社法第204条第３項に係る通知書）

令和○年○月○日

斎藤一郎様

東京都千代田区○○町○丁目○番○号
○○○株式会社
代表取締役社長　甲野太郎

拝啓　時下ますますご清栄のこととお慶び申し上げます。

さて、令和○年○月○日開催の取締役会の決議により、貴殿に割り当てる株式数を決定いたしました。下記のとおり、ご通知いたします。

敬具

記

1　割り当てる株式の数　　普通株式○○株

以　上

---

⑥　払込みの履行

　株式の申込みをした株式引受人は、払込期日または払込期間内に、銀行等の払込取扱金融機関において、各株につき払込金額の全額の払込みをする必要がある（会社法208条１項）。同様に、現物出資者は、払込期日または払込期間内に、払込金額の全額に相当する現物出資財産を給付しなければならない（同条２項）。払込期日までに全額の払込みまたは給付をしなかった株式引受人は、募集株式の株主となる権利を失う（同条７項）。全額払込主義である。

　旧商法では、払込取扱金融機関の発行する払込金保管証明の規定があったが（旧商法280条の14、189条）、会社法上は、払込金保管証明の制度は廃止された。払込金保管証明は、払込みが行われた事実を証明する手段であり、その証明手段としては残高証明等でも足りると考えられるからである。実務上は、通帳のコピーを使用するケースが多い。

　また、募集株式の引受人は、払込みまたは給付をする債務と株式会社に

対する債権を相殺することができない（会社法208条3項）。引受人からする相殺払込のみが禁じられ、会社からの相殺は許されるので、債務の返済を払込みと相殺することができる。

　払込みの履行をすることにより募集株式の株主となる権利を譲渡しても、会社に対抗することはできない（同条4項）。

⑦　自己株式の処分に係る効力発生日

　自己株式の処分の効力発生日は、①払込期日を定めた場合は、払込期日、②払込期間を定めた場合は、払込みの履行をした日（払込日）である（会社法209条）。

　自己株式の処分を行った発行会社においては、①払込期日を定めた場合は払込期日、②払込期間を定めた場合は払込日に、自己株式の処分に係る仕訳（自己株式処分差益または自己株式処分差損の計上に係る仕訳）を起こすことになる。

⑧　変更登記の要否

　自己株式の処分の場合、新株発行と異なり、資本金も発行済株式総数も変動しないため、変更登記は不要である。

Ⅴ　自己株式の消却に係る取扱い

1. 自己株式の消却に係る会社法上の取扱い

　自己株式を消却する場合、消却する自己株式の数（種類株式発行会社の場合、自己株式の種類および種類ごとの数）を定めなければならない（会社法178条1項）。取締役会設置会社においては、株主総会の決議は必要なく、取締役会の決議による（同条2項）。

　会社法では、株式の消却制度は自己株式の消却のみとされている。すなわち、株主が株式を保有している状態で株式を消却する制度はない。旧商

法における強制消却は、自己株式の強制取得と自己株式の消却の組合せと
なり、規定上は、別の規定に分かれる。取得の決議により株主の同意なく
取得できる全部取得条項付種類株式（会社法108条 1 項 7 号）と、取得後
の自己株式の消却（会社法178条 1 項）を組み合わせることにより、旧商
法の強制消却と同様の行為が可能となる。

　また、資本金の減少手続において株式の消却が決議事項から除外された
ため、減資に際して株式の消却を行う場合、資本金の減少に係る決議と別
に、自己株式の取得手続（および自己株式の消却）を行う必要がある[11]。

　自己株式の消却を決議した場合は、会社は、遅滞なく株式の失効手続を
とる必要がある。失効手続とは、株主名簿からの抹消と株券発行会社の場
合は株券を破棄するなど、消却する株式を特定する意思表示を行うことと
解されている[12]。また、発行済株式総数の減少に係る変更登記も必要であ
る。

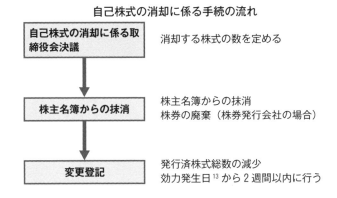

自己株式の消却に係る手続の流れ

| 自己株式の消却に係る取締役会決議 | 消却する株式の数を定める |

| 株主名簿からの抹消 | 株主名簿からの抹消
株券の廃棄（株券発行会社の場合） |

| 変更登記 | 発行済株式総数の減少
効力発生日[13]から 2 週間以内に行う |

11　会社法における減資は、資本金の額を減少するという意味しかない。
12　東京地判・平成 2 年 3 月29日金判857号、P 27。
13　効力発生日は、自己株式の消却決議をし、株主名簿の記載・記録を抹消したときである。
　株券発行会社の場合、株券の廃棄まで終了していることが必要である。

2．発行可能株式総数と発行済株式総数との関係

　自己株式を消却した場合、発行済株式総数は減少するが、発行可能株式総数は変わらない。発行可能株式総数は発行済株式総数の4倍を超えてはいけないという規制（会社法113条3項）との関係が論点になる。

　会社法113条3項の規制は、定款変更により発行可能株式総数を増加させる場合に適用される取扱いである。したがって、自己株式を消却することにより、発行可能株式総数が発行済株式総数の4倍を超えても、定款変更により発行可能株式総数を減少させる必要はない。

　一方、公開会社が株式併合を行う場合は、発行済株式総数の4倍を超えないように発行可能株式総数を定めなければならないとされている点に留意が必要である（会社法180条3項）。

第2章

自己株式の会計処理

　自己株式の会計については、企業会計基準第１号「自己株式及び準備金の額の減少等に関する会計基準」（以下、「自己株式等会計基準」という）が、その処理を定めている。自己株式の取得、処分および消却の各段階の処理を整理する必要がある。

1. 自己株式の取得に係る会計処理

(1) 株主資本から控除

　自己株式の取得について、会社法は「株主に対する金銭の交付（払戻し）」という考え方を採用しているが、自己株式等会計基準もその考え方と整合する処理を定めている。すなわち、自己株式を取得したときは、取得原価をもって純資産の部の株主資本から控除する（自己株式等会計基準７項）。自己株式の取得は株主との間の資本取引であり、会社所有者に対する会社財産の払戻しの性格を有することを主な論拠とするものである。

　期末に保有する自己株式は、純資産の部の株主資本の末尾に自己株式として一括して控除する形式で表示する（同基準８項）。自己株式の取得は、株主に対する資本の払戻しと考えられることから、企業会計基準第５号「貸借対照表の純資産の部の表示に関する会計基準」に基づき、純資産の部のうち株主資本の部において、控除形式で表示するものとされている。

　自己株式の会計上の仕訳は、次のとおりである。

　自己株式　　ＸＸＸ　／　現預金　　ＸＸＸ

　ここで重要なポイントは、純資産の部の株主資本の末尾にマイナス表示するだけであり、株主資本の各項目（資本金、資本準備金、利益準備金、その他資本剰余金、その他利益剰余金）のうちのいずれの項目に対応するのかという考え方を採っていない点である。

```
        自己株式の取得に係る会計
            貸借対照表
（資産の部）         （負債の部）

                （純資産の部）            株主資本から払い戻
                株主資本               したととらえている
                  資本金      ×××     だけであり、株主資
                  資本剰余金            本のいずれかの項目
                    資本準備金  ×××     と紐が付いているわ
                  利益剰余金            けではない。
                    利益準備金  ×××
                    その他利益剰余金
                    繰越利益剰余金 ×××
                自己株式     △×××
```

　会社法においては、株主総会の決議により通常の方法で取得する以外に
も、取得条項付株式の取得、譲渡制限株式の譲渡を承認しなかった場合の
会社による買取り、取得請求権付株式の取得、全部取得条項付種類株式の
取得、譲渡制限株式を取得した相続人その他の一般承継人に対する売渡請
求による取得、単元未満株式の買取請求に基づく取得、他の事業の全部を
譲り受ける場合の取得、合併による消滅会社からの取得、吸収分割をする
会社からの取得など、さまざまな取得場面が想定されるが、取得の方法に
よって会計処理を区別する理由はないと考えられるため、すべて同様の会
計処理を行う（自己株式等会計基準33項）。

設 例　自己株式の取得に係る会計処理

前提条件

　自己株式を取得した。取得の対価は500であった。なお、税務上のみな
し配当に係る源泉所得税は捨象する（第3章「自己株式の税務処理」で詳
説）。

・・

解 答

　自己株式　　500　　／　　現預金　　500

自己株式を、取得原価をもって借方に計上し、純資産の部の株主資本から控除する。期末に保有する自己株式は、純資産の部の株主資本の末尾に自己株式として一括して控除する形式で表示する。

・・・・・・・・・・・・・・・・・・・・・・・・・・・・・・・・・・・・・・・

(2) 付随費用の処理

自己株式の取得、処分および消却に関する付随費用は、損益計算書の営業外費用に計上する（自己株式等会計基準14項）。

付随費用は株主との間の資本取引ではない点に着目し、会社の業績に関係する項目であるとの見方に基づくものである。新株発行費用を株主資本から減額していない処理との整合性から、自己株式の取得、処分および消却時の付随費用は、損益計算書で認識することとし、営業外費用に計上することとしたと説明されている（自己株式等会計基準53項）。

(3) 無償取得の会計処理

自己株式を無償取得した場合、会計上の仕訳は起きず、自己株式の数の増加のみを認識する（企業会計基準適用指針第２号「自己株式及び準備金の額の減少等に関する会計基準の適用指針」（以下、「自己株式等適用指針」）42項）。自己株式を無償で取得しても、取得した会社にとっては資産が増加せず、贈与した株主が有していた持分が他の株主に移転するのみ、すなわち株主間の富の移転が生じているのみと考えられることを論拠とすると説明されている[14]。

時価のある自己株式を無償取得すると、株主間の利益移転により課税関係が生じるため、自己株式を無償取得するのは、発行会社が債務超過である場合が多いと考えられる。この場合であれば、株主間の財産移転も生じない。

なお、自己株式の無償取得または低廉取得に係る税務上の取扱いについ

14　新株の有利発行の際に、時価と発行価額の差額を費用処理しないことにみられるように、一般に、株主間の富の移転のみによって当該会社の株主持分額の変動は認識されない。その処理との整合性からは、自己株式を無償で取得した場合は、自己株式の数のみの増加として処理することとなる（自己株式等適用指針42項）。

ては、「第3章　自己株式の税務処理」で詳説する。

(4) 消費税の取扱い

　法人が自己株式を取得する場合（証券市場での買入れによる取得を除く）における株主から当該法人への株式の引渡しは、消費税法上の資産の譲渡等に該当しない（消基通5-2-9）。要するに、不課税（課税対象外）取引である。

　証券市場での買入れによる取得を除くとされている点に留意が必要である。これは、株主にとって、証券市場で譲渡した場合に、相手が発行法人かどうかはわからない。そのため、他の有価証券の譲渡と同様に、一律非課税取引として取り扱うとされているものと考えられる。

2. 自己株式の処分に係る会計処理

(1) 自己株式処分差益および自己株式処分差損の処理

　自己株式処分差益は、その他資本剰余金に計上する（自己株式等会計基準9項）。また、自己株式処分差損は、その他資本剰余金から減額する（同基準10項）。

設例 自己株式の処分に係る会計処理（自己株式処分差益の場合）

前提条件

　帳簿価額500の自己株式を600で処分した場合の会計処理を示しなさい。

・・・・・・・・・・・・・・・・・・・・・・・・・・・・・・・・・・・・・

解答

　自己株式処分差益が100生じる。自己株式処分差益は、その他資本剰余金に計上する。

現預金	600	自己株式	500
		自己株式処分差益	100
		（その他資本剰余金）	

・・・・・・・・・・・・・・・・・・・・・・・・・・・・・・・・・・・・・

設　例　**自己株式の処分に係る会計処理（自己株式処分差損の場合）**

前提条件

帳簿価額500の自己株式を400で処分した場合の会計処理を示しなさい。

・・・

解　答

自己株式処分差損が100生じる。自己株式処分差損は、その他資本剰余金から減額する。

現預金	400	自己株式	500
自己株式処分差損 （その他資本剰余金）	100		

・・・

(2)　その他資本剰余金の残高が負の値となった場合

　自己株式処分差損をその他資本剰余金から減額した結果、その他資本剰余金の残高が負の値となった場合には、会計期間末において、その他資本剰余金をゼロとし、当該負の値をその他利益剰余金（繰越利益剰余金）から減額する（同基準12項）。その他資本剰余金は株主からの払込資本であるため、会計期間末において、その他資本剰余金の残高が負の値になることがないようにという趣旨である。この点については、払込資本の一項目として表示するその他資本剰余金について、負の残高を認めることは適当ではなく、その他資本剰余金が負の残高になる場合は、利益剰余金で補てんするほかないと考えられ、それは資本剰余金と利益剰余金の混同にはあたらないと判断されると説明されている（自己株式等会計基準41項）。

　「自己株式処分差益」とは、自己株式処分差額が正の値の場合における当該差額をいう（同基準5項）。また、「自己株式処分差損」とは、自己株式処分差額が負の値の場合における当該差額をいう（同基準6項）。

(3)　自己株式の処分時の帳簿価額の算定

　自己株式の処分時の帳簿価額は、会社の定めた計算方法に従って、株式の種類ごとに算定する（自己株式等会計基準13項）。

　また、移動平均法等の計算方法については、特に限定されず、会社の定めた計算方法に従えばよい（同基準49項）。

　なお、税務上は、自己株式には帳簿価額はないため、帳簿価額の算定の問題はない。通常の有価証券の譲渡のときの1株当たりの帳簿価額の算定は必要ない。新株発行と同様の処理になり、処分価額の全額について資本金等の額を増加させる。税務上の取扱いは後で詳説する。

(4) 消費税の取扱い

　法人が自己株式を処分する場合における他の者への株式の引渡しは、新株発行に準ずる行為であり、消費税法上の資産の譲渡等に該当しない（消基通5-2-9）。課税対象外である。

3. 自己株式の消却に係る会計処理

(1) 自己株式の消却に係る会計処理

　自己株式を消却した場合には、消却手続が完了したときに、消却の対象となった自己株式の帳簿価額をその他資本剰余金から減額する（自己株式等会計基準11項）。消却手続とは、株主名簿からの抹消と株券発行会社の場合は株券を破棄する手続を指すと解される。発行済株式総数の減少に係る変更登記の手続は、第三者対抗要件を具備するための手続であり、消却手続の完了の効力発生とは関係ないものと考えられる。

自己株式の消却に係る効力発生日

株券発行会社	自己株式の消却に係る決議をし、株券を破棄し、株主名簿の記載・記録を抹消したとき
株券不発行会社	自己株式の消却に係る決議をし、株主名簿の記載・記録を抹消したとき

設 例　自己株式の消却に係る会計処理

前提条件

　帳簿価額500の自己株式を消却したときの会計処理を示しなさい。

| 解　答 |

　自己株式の帳簿価額をその他資本剰余金から減額する。

　その他資本剰余金　　500　　／　　自己株式　　500

· ·

(2) その他資本剰余金の残高が負の値となった場合

　自己株式の帳簿価額をその他資本剰余金から減額した結果、その他資本剰余金の残高が負の値となった場合には、会計期間末において、その他資本剰余金をゼロとし、当該負の値をその他利益剰余金（繰越利益剰余金）から減額する（同基準12項）。

(3)　自己株式の処分時の帳簿価額の算定

　自己株式の消却時の帳簿価額は、会社の定めた計算方法に従って、株式の種類ごとに算定する（同基準13項）。

　また、移動平均法等の計算方法については、特に限定されず、会社の定めた計算方法に従えばよい（同基準49項）。

　なお、税務上は、自己株式には帳簿価額はないため、帳簿価額の算定の問題はない。通常の有価証券の譲渡のときの１株当たりの帳簿価額の算定は必要ない。税務上の取扱いは後で詳説する。

(4) 消費税の取扱い

　法人が自己株式を消却する場合、消費税法上の資産の譲渡等に該当しない。課税対象外である。

4. 連結財務諸表における自己株式の会計処理

(1) 連結子会社が所有する親会社株式の会計処理

　連結子会社が所有する親会社株式の会計処理については、個別財務諸表上の会計処理と連結財務諸表上の会計処理に分けて整理する必要がある。

①　個別財務諸表上の会計処理

　親会社株式は、売買目的有価証券またはその他有価証券に分類されるので、時価をもって貸借対照表価額とし、評価差額をそれぞれの保有目的区

分に係る方法に準拠して処理しなければならない（「金融商品会計に関するＱ＆Ａ」のＱ16）。売買目的有価証券に分類される場合は、評価差額を損益計算書に、その他有価証券に該当する場合は、評価差額を貸借対照表の純資産の部に計上することとなる。

　子会社株式および関連会社株式は、時価評価をせずに取得原価をもって貸借対照表価額とするが、これは関係会社に対する投資を事実上の事業投資とみるためである。子会社が所有する親会社株式にそのような考え方は当てはまらず、時価評価のうえ時価の変動を財務諸表に反映させる必要がある。

② 連結財務諸表上の会計処理

　連結子会社が所有する親会社株式の連結財務諸表上の会計処理が問題になる。連結グループを一体としてみると、連結財務諸表上、親会社が所有する自己株式と連結子会社が所有する親会社株式は同じ実態を表しているといえる。

　したがって、子会社が保有する親会社株式については、自己株式等会計基準7項および15項に従って、連結上は、親会社が保有している自己株式と合わせ、取得原価をもって純資産の部の株主資本から控除することになる。

　個別財務諸表上で時価評価した結果計上される評価差額は、自己株式と同じ実態とみる以上、連結修正仕訳により取り消す。

　親会社持分に相当する部分を自己株式に計上するが、非支配株主持分相当額を非支配株主持分に計上する。

設例 連結財務諸表における連結子会社の所有する親会社株式

前提条件

1. 親会社Ｐ社は、子会社Ｓ社の株式を90％所有している。
2. Ｓ社の所有するＰ社株式の帳簿価額は500であり、X1年3月期における時価が700であったとする。

３．Ｓ社はＰ社株式をその他有価証券に分類しているものとする。

４．法定実効税率を30%とする。

・・

| 解　答 |

１．Ｓ社の個別財務諸表上の会計処理

| Ｐ社株式 | 200 | その他有価証券評価差額金 | 140 |
| | | 繰延税金負債 | 60 |

２．連結修正仕訳

その他有価証券評価差額金	140	Ｐ社株式	200
繰延税金負債	60		
自己株式	450	Ｐ社株式	500
非支配株主持分	50		

・・

(2)　持分法適用会社が所有する親会社株式等の会計処理

　持分法の適用対象である子会社および関連会社が所有する親会社株式等（投資会社である連結財務諸表提出会社の株式）についても、個別財務諸表上の会計処理と連結財務諸表上の会計処理を分けて整理する必要がある。

①　個別財務諸表上の会計処理

　子会社の所有する親会社株式と同様に、保有目的区分を売買目的有価証券またはその他有価証券に分類する。したがって、時価評価の対象となり、評価差額については保有目的区分に従った会計処理を行う。

②　連結財務諸表上の会計処理

　連結グループを一体とみる連結財務諸表の考え方を当てはめれば、持分法適用会社が所有する親会社株式等についても、その実態は親会社が所有する自己株式と同じであると考えられる。したがって、個別財務諸表上の時価評価の処理を反映させないで、その持分相当額を自己株式として貸借対照表の純資産の部から控除する。

　ただし、連結子会社が所有する親会社株式の会計処理の場合と異なる点が２点ある。持分法は一行連結といわれ、持分法適用会社の貸借対照表を連結するわけではないために違いが生じるものである。具体的には、個別財務諸表上の時価評価の処理を取り消す処理と、自己株式を計上するときの相手勘定が異なる。すなわち、時価評価の処理を取り消す修正仕訳は、個別財務諸表上の時価評価によって理論的に投資勘定が持分割合だけ増加するが、時価評価を連結上は認識しないので、その仕訳を反対仕訳によって取り消す。

　また、自己株式に振り替える相手勘定は、連結子会社の所有する親会社株式のケースのように、投資会社の株式（先の設例では親会社株式であるＰ社株式）ではなく投資勘定である投資有価証券勘定となる。なぜならば、持分法適用会社が所有している投資会社の株式は、連結財務諸表上、投資会社の株式として計上されているわけではなく、持分法適用会社の貸借対照表計上額（投資有価証券の金額）に反映されているからである。

　以上をまとめると、持分法の適用対象となっている子会社および関連会社が親会社株式等（子会社においては親会社株式、関連会社においては当該会社に対して持分法を適用する投資会社の株式）を保有する場合は、親会社等（子会社においては親会社、関連会社においては当該会社に対して持分法を適用する投資会社）の持分相当額を自己株式として純資産の部の株主資本から控除し、当該会社に対する投資勘定を同額減額する（自己株式等会計基準17項）。

設例　持分法適用会社が所有する親会社株式等の会計処理

前提条件

1．Ｐ社は関連会社であるＳ社の株式を25％所有している。

2．Ｓ社の所有するＰ社株式の帳簿価額は500であり、X1年３月期における時価が700であったとする。

3．Ｓ社はＰ社株式をその他有価証券に分類しているものとする。

4．法定実効税率を30％とする。

・・

[解　答]

1．個別財務諸表上の会計処理

| P社株式 | 200 | その他有価証券評価差額金 | 140 |
| | | 繰延税金負債 | 60 |

2．連結財務諸表上の会計処理

　いったん時価評価をしたものと認識し、投資勘定であるS社株式を35（140×25％）増加させる。しかし、連結財務諸表上は認識しないため、反対仕訳で取り消す。

| S社株式 | 35 | その他有価証券評価差額金 | 35 |
| その他有価証券評価差額金 | 35 | S社株式 | 35 |

　S社の所有するP社株式の帳簿価額500のうち、持分相当額である125（500×25％）を自己株式に振り替える。このときの相手勘定はP社株式ではなく、投資勘定であるS社株式となる点に留意が必要である。

| 自己株式 | 125 | S社株式 | 125 |

・・

(3) 連結子会社が保有する当該連結子会社の自己株式の会計処理

　以上説明した内容と異なるケースとして、連結子会社がその連結子会社の株式を自己株式として非支配株主から取得するケースがある。このとき、子会社の個別財務諸表上は、自己株式として純資産の部の株主資本から控除されているが、連結修正仕訳をどのようにしたらよいかが論点になる。

　連結グループの一体性に着目すれば、それは親会社が連結子会社株式を非支配株主から追加取得する行為と実態は同じものであると考えられる。

　連結子会社による当該連結子会社の自己株式の非支配株主からの取得お

よび非支配株主への処分は、それぞれ親会社による子会社株式の追加取得および一部売却に準じて処理する（「連結財務諸表に関する会計基準」28項および29項、「自己株式及び準備金の額の減少等に関する会計基準の適用指針」（以下、「自己株式等適用指針」という）17項）。

　連結子会社による当該連結子会社の自己株式の非支配株主からの取得を、親会社による子会社株式の追加取得に準じて処理する場合、自己株式の取得の対価と非支配株主持分の減少額との差額を資本剰余金として処理する（自己株式等適用指針18項）。

　連結子会社による当該連結子会社の自己株式の非支配株主への処分を、親会社による子会社株式の一部売却に準じて処理する場合、連結子会社による非支配株主への第三者割当増資に準じて処理する（自己株式等適用指針19項）。

　連結子会社が、保有する自己株式を消却した場合、連結貸借対照表上、資産の部、負債の部および純資産の部に変動は生じない（自己株式等適用指針20項）。

［設例］　子会社及び関連会社が保有する当該会社の自己株式に関する連結財務諸表における取扱い（連結子会社が保有する当該連結子会社の自己株式に関する取扱い）

１．子会社株式の取得

＜前　提＞

１．Ｐ社はＳ社株式の70％をX1年３月31日に1,120で取得し、Ｓ社を連結子会社とした。

２．Ｓ社の資産、負債に土地等時価評価すべきものはない。

３．Ｓ社の発行済株式数は100株とする。

４．X1年３月31日時点のＳ社の資本金は1,000、利益剰余金は600とする。

５．Ｐ社、Ｓ社ともに、決算日は３月31日である。

＜X1年３月31日の連結修正仕訳＞

（借）　資本金	1,000	（貸）　Ｓ社株式	1,120
利益剰余金	600	非支配株主持分 [*1]	480

（＊１）　非支配株主持分＝1,600×30％＝480

2.　連結子会社における当該連結子会社の自己株式の非支配株主からの取得
＜前　提＞
1.　X2年3月31日に、S社は非支配株主より自社の自己株式を10株取得した。取得価額は300であった。
2.　X2年3月期のS社の利益は0であり、剰余金の配当等は行っていない。

　X2年3月31日のS社による自己株式取得による持分変動後の親会社及び非支配株主の持分比率、持分額は以下のとおりとなる。

	持分比率	持分額
親会社持分	70株÷(100－10)株＝77.8%	(1,600－300)×77.8%＝1,011
非支配株主持分	20株÷(100－10)株＝22.2%	(1,600－300)×22.2%＝　289

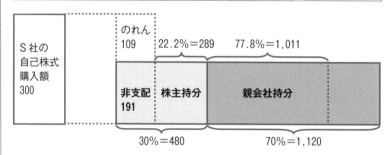

＜自己株式の非支配株主からの取得＞
　自己株式の非支配株主からの取得は、親会社による非支配株主からの子会社株式の追加取得に準じて取り扱い、自己株式の取得の対価と非支配株主持分の減少額との差額は資本剰余金として処理する。
　この取引は、持分比率に応じた子会社による資本の払戻しと、親会社による非支配株主からの追加取得に分解して考えることもできる。

①　まず、従来の持分比率で親会社（70%）、非支配株主（30%）に300の資本の払戻しを行ったと考える。

(借)　非支配株主持分(*1)　　90	(貸)　自己株式（子会社）　　300
S社株式(*2)　　210	

(*1)　非支配株主持分の減少額＝300×30%＝90
(*2)　S社株式の減少額＝300×70%＝210

②　次に、親会社は、①の取引により払い戻された現金をもって、非支配株主持分を追加取得したと考える。

（借） 非支配株主持分^{（＊3）}	101	（貸）	S社株式	210
資本剰余金^{（＊4）}	109			

（＊3） 非支配株主持分の減少比率＝30％（当初持分比率）－22.2％（自己
株式取得後の持分比率）＝7.8％

非支配株主持分の減少額＝（1,600－300）×7.8％＝101

（＊4） 資本剰余金＝210－101＝109

3．連結子会社における当該連結子会社の自己株式の非支配株主への処分

＜前　提＞

1．X3年3月31日に、S社は自社の自己株式10株を第三者に対し処分した。その際の処分価格は400であった。

2．X3年3月期のS社の利益は0であり、剰余金の配当等は行っていない。

＜開始仕訳＞

（借） 資本金	1,000	（貸）	S社株式	1,120
利益剰余金	600		非支配株主持分^{（＊1）}	289
資本剰余金	109		自己株式（子会社）	300

（＊1） 非支配株主持分＝1,300（子会社純資産）×22.2％（非支配株主比率）＝289

＜自己株式の非支配株主への処分＞

自己株式の非支配株主への処分については、親会社による子会社株式の一部売却に準じて取り扱い、通常は連結子会社による非支配株主への第三者割当増資と同様に処理する。

この取引は、子会社が処分した自己株式をいったん持分比率に応じて親会社と非支配株主で取得し、親会社はその取得金額で非支配株主へ当該自己株式を売却したものと考えることもできる。

X3年3月31日のS社による自己株式の処分後の親会社及び非支配株主の持分比率、持分額は以下のとおりとなる。

	持分比率	持分額
親会社持分	70株÷（90＋10）株＝70％	（1,300＋400）×70％－1,190
非支配株主持分	30株÷（90＋10）株＝30％	（1,300＋400）×30％＝　510

① まず、自己株式処分前の持分比率に応じて、親会社（77.8％）、非支配株主（22.2％）が自己株式を取得したとする。

| （借） | 自己株式（子会社） | 300 | （貸） | 非支配株主持分[*2] | 89 |
| | 資本剰余金 | 100 | | Ｓ社株式[*3] | 311 |

（＊２）　非支配株主持分＝400×22.2％＝89
（＊３）　親会社持分＝400×77.8％＝311
②　次に、①の親会社の取得金額で、非支配株主に7.8％の持分を売却したとする。

| （借） | Ｓ社株式 | 311 | （貸） | 非支配株主持分[*4] | 132 |
| | | | | 資本剰余金[*5] | 179 |

（＊４）　非支配株主持分の増加＝(1,300＋400)×7.8％＝132
（＊５）　差額は資本剰余金とする。

４．連結子会社における当該連結子会社の自己株式の消却

＜前　提＞
1.「２．連結子会社における当該連結子会社の自己株式の非支配株主からの取得」を前提とする（「３．連結子会社における当該連結子会社の自己株式の非支配株主への処分」の代わりに、当該自己株式を消却するケースである。）。
2. X2年４月１日に、Ｓ社は自社の自己株式10株を消却した。

＜開始仕訳＞

（借）	資本金	1,000	（貸）	Ｓ社株式	1,120
	利益剰余金	600		非支配株主持分[*1]	289
	資本剰余金	109		自己株式（子会社）	300

（＊１）　非支配株主持分＝1,300（子会社純資産）×22.2％（非支配株主比率）＝289

＜自己株式の消却＞
　子会社で自己株式の消却が行われても、発行済株式総数から自己株式数を控除した数に変更はないため、親会社の持分比率の変動は起こらない。よって、子会社における自己株式の消却の処理を取り消すのみとなる。

| （借） | 自己株式（子会社） | 300 | （貸） | 資本剰余金 | 300 |

（出典：ASBJ「自己株式等適用指針」設例３）

5. 自己株式に係る表示の取扱い

(1) 貸借対照表の表示

　期末に保有する自己株式は、純資産の部の株主資本の末尾に自己株式と

して一括して控除する形式で表示する（自己株式等基準8項）。自己株式の取得は、株主に対する資本の払戻しと考えられることから、企業会計基準第5号「貸借対照表の純資産の部の表示に関する会計基準」に基づき、純資産の部のうち株主資本の部において、控除形式で表示するものとされている。

　自己株式の会計上の仕訳は、次のとおりである。

　　自己株式　　ＸＸＸ　　／　　現預金　　ＸＸＸ

　自己株式の借方は、資産ではなく、純資産の部の株主資本のマイナスという意味である。純資産の部の株主資本の末尾にマイナス表示するだけであり、株主資本の各項目（資本金、資本準備金、利益準備金、その他資本剰余金、その他利益剰余金）のうちのいずれの項目に対応するのかという考え方を採っていない点がポイントである。

自己株式の取得に係る会計

貸借対照表

（資産の部）	（負債の部）	
	（純資産の部）	
	株主資本	
	資本金	ＸＸＸ
	資本剰余金	
	資本準備金	ＸＸＸ
	利益剰余金	
	利益準備金	ＸＸＸ
	その他利益剰余金	
	繰越利益剰余金	ＸＸＸ
	自己株式	△ＸＸＸ

株主資本から払い戻したととらえているだけであり、株主資本のいずれかの項目と紐が付いているわけではない。

　また、自己株式を処分した場合、自己株式処分差益はその他資本剰余金の増加、自己株式処分差損はその他資本剰余金の減少として会計処理するが、その他資本剰余金は、貸借対照表上、その合計額を表示すればよく、自己株式処分差益といった内訳項目を表示する必要はない。

(2) 株主資本等変動計算書の表示

　株主資本等変動計算書は、貸借対照表の純資産の部の各項目の当期変動額を表す計算書類である。自己株式は、貸借対照表の純資産の部の項目であるため、その変動状況は株主資本等変動計算書に表示される。

　自己株式を取得したときは、株主資本等変動計算書上、変動事由として「自己株式の取得」と記載し、変動額としてマイナスの数値を記載する。株主資本の払戻しであるため、マイナスの記載になる。

　次の記載例は、会計期間中に自己株式の取得があり、純資産の部の他の変動要因が当期純利益のみであった場合の内容である（自己株式の取得価額は50）。

株主資本等変動計算書の記載例（自己株式の取得の場合）

	株主資本							評価・換算差額等
	資本金	資本剰余金	利益剰余金			自己株式	株主資本合計	その他有価証券評価差額金
		資本準備金	利益準備金	その他利益剰余金				
				別途積立金	繰越利益剰余金			
当期首残高	ＸＸ	ＸＸ	ＸＸ	ＸＸ	ＸＸ	△200	ＸＸ	ＸＸ
当期変動額								
自己株式の取得						△50	△50	
当期純利益					ＸＸ		ＸＸ	
株主資本以外の項目の当期変動額（純額）								ＸＸ
当期変動額合計					ＸＸ	△50	ＸＸ	ＸＸ
当期末残高	ＸＸ	ＸＸ	ＸＸ	ＸＸ	ＸＸ	△250	ＸＸ	ＸＸ

　また、次の記載例は、会計期間中に自己株式の処分があり、純資産の部の他の変動要因が当期純利益のみであった場合の内容である（処分した自己株式の帳簿価額は80）。なお、自己株式処分差益または自己株式処分差損の発生によるその他資本剰余金の変動の記載は省略している。

株主資本等変動計算書の記載例（自己株式の処分の場合）

	株主資本								評価・換算差額等
	資本金	資本剰余金	利益剰余金				自己株式	株主資本合計	その他有価証券評価差額金
		資本準備金	利益準備金	その他利益剰余金					
				別途積立金	繰越利益剰余金				
当期首残高	X X	X X	X X	X X	X X	△200	X X	X X	
当期変動額									
自己株式の処分						80	80		
当期純利益					X X		X X		
株主資本以外の項目の当期変動額(純額)								X X	
当期変動額合計					X X	80	X X	X X	
当期末残高	X X	X X	X X	X X	X X	△120	X X	X X	

　さらに、次の記載例は、会計期間中に自己株式の消却があり、純資産の部の他の変動要因が当期純利益のみであった場合の内容である（消却した自己株式の帳簿価額は150）。なお、自己株式の消却によるその他資本剰余金の減少は省略している。

株主資本等変動計算書の記載例（自己株式の消却の場合）

	株主資本								評価・換算差額等
	資本金	資本剰余金	利益剰余金				自己株式	株主資本合計	その他有価証券評価差額金
		資本準備金	利益準備金	その他利益剰余金					
				別途積立金	繰越利益剰余金				
当期首残高	X X	X X	X X	X X	X X	△200	X X	X X	
当期変動額									
自己株式の消却						150	150		
当期純利益					X X		X X		
株主資本以外の項目の当期変動額(純額)								X X	
当期変動額合計					X X	150	X X	X X	
当期末残高	X X	X X	X X	X X	X X	△50	X X	X X	

(3) 注記の取扱い

　株主資本等変動計算書に関する注記が、次の事項の注記を求めている（会社計算規則105条）。

株主資本等変動計算書に関する注記

①　当該事業年度の末日における発行済株式の数
②　当該事業年度の末日における自己株式の数
③　当該事業年度中に行った剰余金の配当に関する事項（期末日後に行う剰余金の配当のうち、剰余金の配当を受ける者を定めるための「基準日」（会社法124条１項）が当該事業年度中のものを含む）に関する次に掲げる事項その他の事項
イ　配当財産が金銭である場合における当該金銭の総額
ロ　配当財産が金銭以外の財産である場合における当該財産の帳簿価額（当該剰余金の配当をした日においてその時の時価を付した場合は、当該時価を付した後の帳簿価額）の総額
④　当該事業年度の末日において発行している新株予約権の目的となる株式の数

　連結計算書類を作成している会社は、①、③および④に相当する注記を連結注記表で行い、個別注記表は②のみでよいとされている（会社計算規則105条、106条）。

　①は当該事業年度の末日（期末日）における発行済株式総数、②は当該事業年度の末日（期末日）における自己株式の数である。この２つについては、株式数の開示に過ぎないため、実務上の負担はないと思われる。ただし、金融商品取引法適用会社の事例をみると、「株主資本等変動計算書に関する会計基準の適用指針」（以下、「変動計算書適用指針」という）の定めるとおり、当期首の株数、当期の増加株数、当期の減少株数、当期末の株数を記載している事例もみられる。そのように当期の増減株数を開示した場合には、これも変動計算書適用指針の定めに従い、当期の増加株数および減少株数について、その変動事由の概要を脚注することになる。

　③は当該事業年度中に行った剰余金の配当に関する事項である。当該事業年度中に（期中に）すでに行った配当だけでなく、当該事業年度の末日

後に（期末日後に）行う剰余金の配当のうち、「基準日」が当該事業年度中のものも注記対象となる点に留意する必要がある。当該事業年度の期末配当は、基準日が通常は期末日であり、当該事業年度に含まれるため、注記の対象となる。

株主資本等変動計算書に関する注記の記載例

1．当該事業年度の末日における発行済株式の数
　　普通株式　　　　　　　　　　　　　　○○○株
2．当該事業年度の末日における自己株式の数
　　普通株式　　　　　　　　　　　　　　○○株
3．剰余金の配当に関する事項
(1) 配当金支払額
　　株式の種類　　　　　　普通株式
　　配当金の総額　　　　ＸＸＸ千円
　　1株当たり配当額　　　　　10円
　　基準日　　　　　　X1年3月31日
　　効力発生日　　　　X1年6月Ｘ日
(2) 基準日が当期に属する配当のうち、配当の効力発生日が翌期となるもの
　　X2年6月Ｘ日開催の定時株主総会において、次の決議を予定している。
　　株式の種類　　　　　　普通株式
　　配当金の総額　　　　ＸＸＸ千円
　　配当の原資　　　　　利益剰余金
　　1株当たり配当額　　　　　12円
　　基準日　　　　　　X2年3月31日
　　効力発生日　　　　X2年6月Ｘ日

　自己株式の当期首の株数、当期の増加株数、当期の減少株数、当期末の株数を記載する場合は、次のような内容になる。

（期中の増減株数を開示する場合）

自己株式の数に関する事項

株式の種類	当事業年度期首	増加	減少	当事業年度末
普通株式	○○○株	○○株	－	○○○株

（注）　普通株式の自己株式数の増加○○株は、単元未満株式および端数株式の買取りによるものであります。

(4) 有価証券報告書における開示

　上場会社等は、自己株式の取得を決議した場合に、決議された取得期間内は毎月、自己株式の買付け状況について、金融商品取引法に基づき、作成・提出しなければならない。また、有価証券報告書の提出会社の状況において、自己株式の取得等の状況を開示しなければならない。

　次の事例は、有価証券報告書の提出会社の状況における「自己株式の取得等の状況」の開示例である。

Ａ社　令和２年３月期有価証券報告書より

　2　【自己株式の取得等の状況】

【株式の種類等】　　会社法第155条第３号及び会社法第155条第７号による普通株式の取得

(1)　【株主総会決議による取得の状況】
　　　該当事項はありません。

(2)　【取締役会決議による取得の状況】

区分	株式数 （株）	価額の総額 （百万円）
取締役会（2019年５月７日）での決議状況 （取得期間2019年５月15日～2019年９月30日）	300,000	1,200
当事業年度前における取得自己株式	—	—
当事業年度における取得自己株式	300,000	1,163
残存決議株式の総数及び価額の総額	—	—
当事業年度の末日現在の未行使割合（％）	—	—
当期間における取得自己株式	—	—
提出日現在の未行使割合（％）	—	—

（注）　自己株式取得の方法は、上記取締役会において、信託方式による市場買付とすることを決議しております。

(3) 【株主総会決議又は取締役会決議に基づかないものの内容】

区分	株式数 (株)	価額の総額 (百万円)
当事業年度における取得自己株式	109	0
当期間における取得自己株式	157	0

(注) 上記記載の取得自己株式は、すべて単元未満株式の買取請求によるものであり、当期間における取得自己株式数には、2020年6月1日から有価証券報告書提出日までの間の単元未満株式の買取請求による取得自己株式は含めておりません。

(4) 【取得自己株式の処理状況及び保有状況】

区分	当事業年度		当期間	
	株式数 (株)	処分価額の総額 (百万円)	株式数 (株)	処分価額の総額 (百万円)
引き受ける者の募集を行った取得自己株式	―	―	―	―
消却の処分を行った取得自己株式	―	―	―	―
合併、株式交換、会社分割に係る移転を行った取得自己株式	―	―	―	―
その他（単元未満株式の買増請求による売渡）	―	―	―	―
保有自己株式数	345,802	―	345,959	―

(注) 当期間における保有自己株式数には、2020年6月1日から有価証券報告書提出日までの間の取締役会決議による取得自己株式、単元未満株式の買取請求による取得自己株式及び買増請求による売渡自己株式の数は含めておりません。

第**3**章

自己株式の税務処理

Ⅰ 資本取引に係る法人税の基本的な考え方

1. 資本と利益の区分に係る会計と税務との関係

　会計における資本と利益の区分に係る考え方と、法人税法上の資本と利益の区分に係る考え方に一定の乖離があり、平成13年度税制改正後は、別表５(1)の中で申告調整を行う場面が増加した。また、平成18年度税制改正により、自己株式の税制、会社法に対応した改正などが行われたことにより、資本税制がより複雑になった面がある。

　さらに、平成22年度税制改正により、完全支配関係がある法人からの資本の払戻し（みなし配当事由に基づく資本の払戻し）に係る改正が行われ、完全支配関係がある法人からの自己株式の取得に係る税務上の取扱いが別扱いとなった。

　純資産の部の税務について解説するが、各論については各項目に委ねるため、ここでは資本取引に係る法人税の基本的な考え方を解説する。

2. 会計上の資本と利益の区分

　会計上の個別貸借対照表上の純資産の部の内容は、次のようになっている。

純資産の部
Ⅰ　株主資本
1　資本金
2　新株式申込証拠金
3　資本剰余金
(1)　資本準備金
(2)　その他資本剰余金
資本剰余金合計
4　利益剰余金
(1)　利益準備金

```
        (2)　その他利益剰余金
             ××積立金
             繰越利益剰余金
                         利益剰余金合計
        5　自己株式
        6　自己株式申込証拠金
                         株主資本合計
  Ⅱ　評価・換算差額等
    1　その他有価証券評価差額金
    2　繰延ヘッジ損益
    3　土地再評価差額金
                         評価・換算差額等合計
  Ⅲ　新株予約権
                         純資産合計
```

　資本金と資本剰余金は、株主からの払込資本であり、新株発行により払込みを受けた金銭の額または金銭以外の資産の価額（時価）相当額が計上額となる。一方、利益剰余金は、払込資本の運用により稼得された留保利益に相当するものであり、当期純損益の計上を通じて繰越利益剰余金が増減する。この繰越利益剰余金が利益剰余金に算入される。

　また、自己株式の取得は、株主に対する払込資本の払戻しに相当するものと考えられており、株主資本の中でマイナス表示するが、会計上は株主資本の項目のうちのどの項目のマイナスであるかという紐付き関係でとらえないで、株主資本全体の中でマイナス項目としてとらえる。

　自己株式等会計基準19項においては、「資本剰余金の各項目は、利益剰余金の各項目と混同してはならない。したがって、資本剰余金の利益剰余金への振替は原則として認められない。」とされている。資本性の剰余金と利益性の剰余金は、払込資本と払込資本を利用して得られた成果を区分する考えから、区別しなければいけないという考え方がベースになっている。

3. 法人税法上の資本と利益の区分

　法人税法上は、資本等取引の定義が規定されており、別段の定めがある
ものを除いて、資本等取引以外の取引に係る当該事業年度の収益の額を当
該事業年度の益金の額に算入し、当該事業年度の収益に係る原価の額、費
用の額、資本等取引以外の取引に係る損失の額を損金の額に算入するもの
としている（法法22条2項、3項）。資本等取引の定義は、次のとおりで
ある（法法22条5項）。

---

　① 　法人の資本金等の額の増加または減少を生ずる取引
　② 　法人の行う利益または剰余金の分配（資産の流動化に関する法律第115
　　条第1項（中間配当）に規定する金銭の分配を含む）
　③ 　残余財産の分配または引渡し

　ここで「資本金等の額」とは、法人が株主等から出資を受けた金額とし
て政令で定める金額をいうものとされ（法法2条16号）、その規定を受け
て政令により資本金等の額の増減事由が規定されている（法令8条1項）。
資本金等の額の増減を生じさせる取引としては、新株発行、企業組織再
編、資本の払戻し等（資本剰余金の減少に伴う剰余金の配当、残余財産の
分配）、自己株式の取得および処分などである。

　一方、利益積立金額は、会計上の利益剰余金に相当する性格を持つが、
両者は一致しないこともある。すなわち、税務上の所得金額と会計上の利
益が一致しない場合に、その差異が留保されるときに、利益積立金額と利
益剰余金に差異が生じることになる。例えば、貸倒損失を別表4で自己否
認したものとする。その結果、税務上の所得金額と会計上の利益に差異が
生じ、その差異が留保されるべきものであるために、別表5(1)に利益積
立金額の増加の調整が入り、それは利益積立金額と利益剰余金との差異を
表すものとなる。

　利益積立金額は、課税関係の終了した積立金を意味しており、資本金等
の額が株主からの払込資本としてとらえられることと一線を画している。

株主がみなし配当事由（法法24条１項各号に掲げる事由）により発行法人から資本の払戻しを受けた場合は、資本金等の額から払戻しを受けた額と、それを上回って払戻しを受けた額をプロラタにより按分計算を行い、資本金等の額からの払戻額を上回って払戻しを受けた額が利益積立金額からの払戻しとして「みなし配当」として取り扱われる。もちろん利益積立金額は課税関係が終了した積立金であるから、株主が受け取ったみなし配当については、受取配当等の益金不算入規定が適用される（法法23条１項）。

　なお、利益積立金額の増減事由は、法人税法施行令９条１項に規定されており、留保所得金額のほかには、合併、分割等の企業組織再編による増減、剰余金の配当、みなし配当事由（資本剰余金の減少に伴う配当、残余財産の分配、自己株式の取得等）などが中心である。

資本金等の額　→	株主から出資を受けた金額
利益積立金額　→	法人の所得の金額で留保している金額（所得＝税務上の利益の留保額）

4.　資本と利益の区分が会計と税務でずれる場合とその調整手続

　企業会計と法人税法は本来その目的を異にしている。また、近年の制度改正の影響により、両者の資本と利益の区分に係るルールの乖離は拡大する方向性にあるといってよい。

　まずわかりやすい例から説明する。欠損てん補を行うために資本金を減少し、繰越利益剰余金のマイナスをてん補することがある。欠損てん補といい、法人の規模を問わずよくみられる取引である。このとき、会計上は、次の仕訳を切る。

（会計上の仕訳）

| 資本金 | ×××　　／ | その他資本剰余金 | ××× |
| その他資本剰余金 | ×××　　／ | 繰越利益剰余金 | ××× |

　会計上は、資本金の計数を減少させ、その他資本剰余金を計上するが、その他資本剰余金により繰越利益剰余金のマイナスを埋める認識をする[15]。この欠損てん補は資本剰余金と利益剰余金の混同には当たらないと解されており[16]、従来から認められている。

　一方、法人税法上は、株主資本の中で振り替えているだけの取引であり、何もなかったものとして取り扱う。したがって、資本金等の額にも変動は生じないし、利益積立金額にも変動は生じない。税務上の仕訳はなしである。そこで、次のように別表5(1)において申告調整を要することになる（資本金を3,000減少し、全額を欠損てん補に充当した場合を例とする。）。

別表五（一）　利益積立金額および資本金等の額の計算に関する明細書

区　分	期首現在利益積立金額 ①	当期の増減 減 ②	当期の増減 増 ③	差引翌期首現在利益積立金額 ①－②＋③ ④
利益準備金				
資本金等の額			△3,000	△3,000
繰越損益金	△3,000	△3,000	3,000 ××	××

※表ヘッダー「Ⅰ　利益積立金額の計算に関する明細書」

（注）　会計上は、繰越利益剰余金の△3,000が資本金の減少により生じたその他資本剰余金によりてん補され、繰越損益金の増加欄が3,000増加するが、税務上は利益積立金額と資本金等の額との間の振替調整（プラス・マイナス3,000）を入れることにより、利益積立金額に変動がないことが表される。

15　資本金の減少の効力発生日とその他資本剰余金による欠損てん補（利益剰余金のマイナスに充当）の効力発生日を同日と定めて実行した場合は、資本金の減少によるその他資本剰余金の計上と、その他資本剰余金による欠損てん補は、実質的に同時に行われる。

16　自己株式等会計基準61項。

Ⅱ　資本金等の額の計算に関する明細書			
区　　分	期首現在資本金等の額	当期の増減	差引翌期首現在資本金等の額
		減　　　増	
資本金または出資金	ＸＸＸ	△3,000	ＸＸＸ
利益積立金額		3,000	3,000

(注)　利益積立金額との間で3,000の振替調整が入ることによって、資本金等の額に変動が生じないことが表される。

　上記のように、「利益積立金額の計算に関する明細書」と「資本金等の額の計算に関する明細書」の間で、プラス・マイナス同額の調整を入れる方法を「振替調整」という。なぜ「振替調整」が必要になるかであるが、次のように説明することができる。

（欠損てん補前）

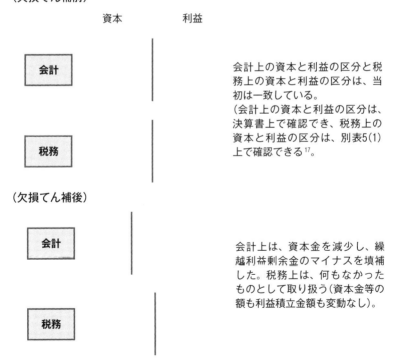

資本　　　　利益

会計　　　　　　　会計上の資本と利益の区分と税
　　　　　　　　　務上の資本と利益の区分は、当
　　　　　　　　　初は一致している。
　　　　　　　　　（会計上の資本と利益の区分は、
　　　　　　　　　決算書上で確認でき、税務上の
税務　　　　　　　資本と利益の区分は、別表5(1)
　　　　　　　　　上で確認できる[17]。

（欠損てん補後）

会計　　　　　　　会計上は、資本金を減少し、繰
　　　　　　　　　越利益剰余金のマイナスを填補
　　　　　　　　　した。税務上は、何もなかった
　　　　　　　　　ものとして取り扱う（資本金等の
　　　　　　　　　額も利益積立金額も変動なし）。
税務

17　別表5(1)に何も調整がない場合は、会計上の資本と利益の区分と税務上の資本と利益の区分が一致しているという意味になる。

（申告調整）

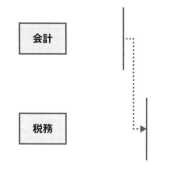

別表5(1)において、「利益積立金額の計算に関する明細書」にマイナス、「資本金等の額の計算に関する明細書」にプラスの調整を入れることにより、本来の正しい数値に調整される。

　なお、利益剰余金の資本金への組入れを行う場合も、会計上は利益剰余金の減少および資本金の増加を認識するが、税務上は株主資本の中での振替に過ぎないため、資本金等の額も利益積立金額も共に変動しない。したがって、上記と同様の理由により、別表5(1)における振替調整が必要になる。

Ⅱ　自己株式の税務処理

　自己株式の取得、処分および消却の各取引に係る税務処理を説明する。会計処理も併せて示し、申告調整を含めた別表の記載方法を解説する。

1. 自己株式の取得に係る処理

(1) 資本金等の額および利益積立金額の減少

　法人税法上、自己株式の取得は資本の払戻しとして整理されている。法人税法における「資本の払戻し」は、資本金等の額の変動と利益積立金額の変動の2つを認識する点がポイントである。資本金等の額からの払戻しとそれを超えて払い戻した部分が利益積立金額からの払戻し（みなし配当）となる。

　すなわち、取得直前の（会社全体の）資本金等の額を直前の発行済株式

総数（自己株式数を除く）の総数で除し、これに取得する自己株式の数を乗じて計算した金額（取得資本金額という）について資本金等の額を減少し、取得価額（交付金銭等の額）がその額（取得資本金額）を超えるときにその超過額を利益積立金額の減少（みなし配当）とする（法令8条1項20号、9条14号）。

　資本金等の額の減少額を先に計算し、利益積立金額の減少額は交付金銭等の額（払戻額）から減少すべき資本金等の額を減算して求める順序である。

税法上の資本概念（2区分）　　　　　（払い戻したお金は）

　なお、資本の払戻しとして整理されているため、購入手数料などの取得費用について損金算入が認められる。すなわち、有価証券の取得に係る付随費用としては取り扱わない。会計上営業外費用として処理するため、申告調整は不要である。

　計算方法は、次の算式のとおりであり、上の算式から順番に計算する。

$$\text{資本金等の額の減少額（A）} = \frac{\text{取得直前の資本金等の額}}{\text{直前の発行済株式総数（自己株式数を除く）}} \times \text{取得する自己株式数}$$
（取得資本金額）

$$\text{交付金銭等（払戻額）} - \text{（A）} = \text{利益積立金額の減少額（みなし配当）}$$

※1　資本金等の額の減少額（A）の計算結果が交付金銭等の額（払戻額）を上回る場合は、資本金等の額の減少額はその超過額を減算した額とする。
※2　取得直前の資本金等の額がゼロ以下であるときは、資本金等の額の減少額をゼロとする。
※3　2つ目の算式がプラスになる場合のみ、利益積立金額の減少（みなし配当）を認識する。

　資本金等の額の減少額（A）の計算結果が交付金銭等の額（払戻額）を上回る場合は、資本金等の額の減少額はその超過額を減算した額とするの

で、その場合は資本金等の額の減少額と交付金銭等の額（払戻額）は同額となり、利益積立金額の変動はない（みなし配当は生じない）。

　また、取得直前の資本金等の額がゼロ以下である場合は、資本金等の額の減少額はゼロであり、交付金銭等の額と利益積立金額の減少額が同額となる（全額がみなし配当になる）。ここで「ゼロ以下」とは、ゼロまたはマイナスという意味である。

　なお、上記の算式中の分母が「直前の発行済株式総数（自己株式数を除く）」となっているが、かっこ書きの「自己株式数を除く」は、取得直前のであるから、過去に自己株式を取得し、取得直前に保有しているものがある場合に除く（発行済株式総数から控除する）という意味であって、今回の取得する自己株式の数を控除してはいけない。

(2) 消費税の取扱い

　法人が自己株式を取得する場合（証券市場での買入れによる取得を除く）における株主から当該法人への株式の引渡しは、消費税法上の資産の譲渡等に該当しない（消基通5−2−9）。要するに、不課税（課税対象外）取引である。

　証券市場での買入れによる取得を除くとされている点に留意が必要である。これは、株主にとって、証券市場で譲渡した場合に、相手が発行法人かどうかはわからない。そのため、他の有価証券の譲渡と同様に、一律非課税取引として取り扱うとされているものと考えられる。

設例　自己株式の取得と申告調整

前提条件

　自己株式を取得価額500で取得した。税務上の資本金等の額の減少額（取得資本金額）を計算したところ380であった。

　会計上の仕訳および税務上の仕訳と、別表の記載方法を示しなさい。

　なお、みなし配当に係る所得税の源泉徴収が本来必要であり、貸方に預り金がたつが、その点については捨象する。

・・

解　答

1．会計上の仕訳

　会計上は、自己株式の取得原価をもって純資産の部の株主資本から控除する（自己株式等会計基準7項）。

　自己株式　　　　500　　／　　現預金　　500

2．税務上の仕訳

　税務上、資本金等の額の380の減少を認識し、交付金銭等の額（500）から380を減算した額120について、利益積立金額の減少（みなし配当）を認識する。

　資本金等の額　　380　　／　　現預金　　500
　利益積立金額　　120　　／

3．別表の記載

　みなし配当が120生じているが、現実の配当と同様に、留保所得金額の120の減少を認識する必要がある。別表4の「当期利益又は当期欠損の額」の行の処分欄の中の社外流出欄に120と記載することにより、留保所得金額が120減少することになる[18]。

別表四　所得の金額の計算に関する明細書

区　　分	総　　額	処　　分		
		留　保	社外流出	
	①	②	③	
当期利益または当期欠損の額			配当	120
			その他	

18　社外流出欄に120と記載する方法に代えて、別表4の加算・減算欄で、加算・社外流出（みなし配当）、減算・留保（自己株式認容）の調整を入れる方法でも、留保所得金額は120減少することになり、問題ないと考えられる。

　自己株式の会計上の帳簿価額は500であるが、税務上の帳簿価額はゼロである。別表5(1)の「資本金等の額の計算に関する明細書」の区分欄に自己株式と記載し、増加欄にマイナス500と記載する。会計上の自己株式の帳簿価額を自己否認する（打ち消す）という意味になる。ただし、資本金等の額は380減少させるべきであって、利益積立金額を120減少させるべきであるから、「利益積立金額の計算に関する明細書」にマイナス120、「資本金等の額の計算に関する明細書」にプラス120の調整を入れる。いわゆる振替調整である。これにより、利益積立金額は120減少し、資本金等の額は380減少する形になる。

別表5(1)　利益積立金額および資本金等の額の計算に関する明細書

区　　分	期首現在利益積立金額	当期の増減		差引翌期首現在利益積立金額 ①−②+③
		減	増	
	①	②	③	④
利益準備金				
積立金				
資本金等の額			△120	△120

Ⅰ．利益積立金額の計算に関する明細書（表上部見出し）

区　　分	期首現在資本金等の額	当期の増減		差引翌期首現在資本金等の額
		減	増	
資本金または出資金				
資本準備金				
自己株式			△500	△500
利益積立金額			120	120

Ⅱ　資本金等の額の計算に関する明細書（表上部見出し）

（注）　利益積立金額と資本金等の額との間で、プラス・マイナス120の振替調整。

(3)　みなし配当に係る実務対応

　自己株式を取得し、みなし配当が生じるときは、適格現物分配を除いて、自己株式を取得する法人は、取得の対価を支払うに際して、みなし配当の額の20.42％（所得税と復興特別所得税を合わせて20.42％、住民税はゼロ）に相当する額を源泉徴収し（所法182条2号、213条1項1号）、その徴収の日の属する月の翌月10日までに国に納付する必要がある（所法181条1項、212条1項）。

(4)　支払調書の作成

① 　住所・氏名の告知

　自己株式の取得を株主側からみると、その有する株式を発行法人に譲渡する形になる。株主は、譲渡の対価の支払を受ける時までに、氏名（法人の場合は名称）および住所ならびに個人番号または法人番号を発行法人に告知しなければならない。併せて、住民票の写し（法人の場合は登記事項証明書）等を発行法人に提示しなければならない。

　発行法人は、告知された内容と住民票等の内容が同一であることを確認し、確認に係る帳簿を作成する必要がある（所法224条の3、所令342条から345条）。

　支払調書については、みなし配当課税がなしの場合とありの場合とで、提出する書類や提出時期が異なる点に留意する必要がある。

② 　支払調書の作成（みなし配当課税なしの場合）

　居住者または恒久的施設を有する非居住者に対し自己株式の取得に係る対価の支払を行う発行法人は、自己株式の取得に係る対価の支払が確定した日の属する年の翌年1月31日までに、「交付金銭等の支払調書」およびその合計表を納税地の所轄税務署長に提出しなければならない（所法225条1項10号、所規90条の3第1項）。

　なお、株主に対する自己株式の取得に係る対価の額が300,000円以下である場合は、提出不要である。

令 和 　 年分 　 交付金銭等の支払調書

交付を受ける者	住所又は居所					
	氏　　名			個 人 番 号		

交付する金銭及び金銭以外の資産の価額				1株又は出資1口当たりの配当等とみなされる金額	1株又は出資1口当たりの交付金銭等の額
	1 株 又 は 出 資 1 口 当 た り の 額				
金　　　　銭	金銭以外の資産の価額		計		
	株式又は出資	その他の資産			
円　　　銭	円　　　銭	円　　　銭	円　　　銭	円　　　銭	円　　　銭

交付確定又は交付年月日	株式の数又は出資の口数	交 付 金 銭 等 の 額
年　　　月　　　日	千　　　　株(口)	千　　　　円

(摘要)

交付者	所在地			
	名　称	（電話）	法 人 番 号	

整 　理 　欄	①	②

○「個人番号又は法人番号」欄に個人番号（12桁）を記載する場合には、右詰で記載します。

348

令和 　 年分 　 交付金銭等の支払調書合計表

処理事項	通信日付印 ※ ・　・	検　収 ※	整理簿登載 ※

	整理番号			
提出者 所在地 電話（　－　－　）	調書の提出区分 新規=1、追加=2 訂正=3、無効=4	提出媒体	本店一括	有・無
法人番号(B)	作成担当者			
フリガナ 名　称	作成税理士署名押印	税理士番号（　　　）		
フリガナ 代表者氏名印 ㊞	電話（　－　－　）			㊞
	交付確定又は交付年月日	・　・		

税務署受付印

令和 　 年 　 月 　 日提出

税務署長 殿

区　　　分	調書の枚数	交付金銭等の額	摘　　　　　　要
居 住 者 分	枚	円	
非 居 住 者 分			
合　　　計			

○ 提出媒体欄には、コードを記載してください。（電子=14、FD=15、MO=16、CD=17、DVD=18、書面=30、その他=99）
(注) 平成27年分以前の合計表を作成する場合には、「法人番号」欄に何も記載しないでください。

○ 平成 28 年 1 月 1 日 以 後 提 出 用

（用紙 日本産業規格 A4）

③　支払調書の作成（みなし配当課税ありの場合）

　みなし配当課税が行われる場合は、発行法人は、自己株式の取得に係る対価の支払が確定した日から1ヵ月以内に、「配当等とみなす金額に関する支払調書（支払通知書）」とその合計表を納税地の所轄税務署長に提出しなければならない（所法225条1項2号、所規83条）。併せて、取得の相手先である株主に対しても、「配当等とみなす金額に関する支払調書（支払通知書）」を交付しなければならない（所法225条2項2号、所規92条1項）。

　なお、株主に対する自己株式の取得に係る対価の額が15,000円以下である場合には、所轄税務署長への提出は不要である（所規83条2項3号）。

令和　　年分 配当等とみなす金額に関する支払調書(支払通知書)

支払を受ける者	住所（居所）又は所在地									
	氏名又は名称					個人番号又は法人番号				
交付する金銭及び金銭以外の資産の価額						1株又は出資1口当たりの資本金等の額又は連結個別資本金等の額のうち株式又は出資に対応する部分の金額		1株又は出資1口当たりの配当等とみなされる金額		
1株又は出資1口当たりの額										
金銭		金銭以外の資産の価額		計						
		株式又は出資	その他の資産							
円　　　銭		円　　銭	円　　銭	円　　　銭		円　　銭		円　　銭		
支払確定又は支払年月日		株式の数又は出資の口数		配当等とみなされる金額の総額		通知外国税相当額		源泉徴収税額		
年　　月　　日		千　　株(口)		千　　　円		千　　円		千　　円		
(摘要)										
支払者	所在地									
	名称	（電話）				法人番号				
支払の取扱者	所在地									
	名称	（電話）				法人番号				
整理欄	①			②						

○印の個人番号又は法人番号欄に個人番号（12桁）を記載する場合には、右詰で記載します。

令和　年分　配当等とみなす金額に関する支払調書合計表

処理事項	通信日付印		検収	整理簿登載
	※ ・ ・		※	※

税務署受付印

提出者	所在地	電話（　　−　　　−　　）		
	法人番号(注)			
	フリガナ 名　称			
	フリガナ 代表者 氏名印		㊞	

令和　年　月　日提出

税務署長　殿

整理番号

| 調書の提出区分
新規=1、追加=2
訂正=3、無効=4 | | 提出
媒体 | 本店
一括 | 有・無 |

作成担当者

作成税理士
署名押印　　　税理士番号（　　　　　）
電話（　　−　　　−　　）　㊞

支払確定年月日　　　（第　　回）

区　分		みなし配当の総額（支払調書提出省略分を含む。）				左のうち、支払調書を提出するものの合計			
		株主者数 （出資者数）	株数又は 出資の口数	配当とみなさ れる金額	源泉徴収税額	株主者数 （出資者数）	株数又は 出資の口数	配当とみなさ れる金額	源泉徴収税額
		人		円	円	人		円	円
居住者又は内国法人に支払うもの	一　般　分								
	非　課　税　分								
非居住者又は外国法人に支払うもの	課税分	一　般　分							
		軽　減　分							
	非課税又は免税分								
計			旧　　株(口) 新　　　〃				旧　　株(口) 新　　　〃		
摘　　　要		1株(口)当たり配当とみなされる金額 　　　　　円							

○　提出媒体欄には、コードを記載してください。（電子＝14、FD＝15、MO＝16、CD＝17、DVD＝18、書面＝30、その他＝99）
（注）平成27年分以前の合計表を作成する場合には、「法人番号」欄に何も記載しないでください。

（用紙　日本産業規格　A4）

(5) 上場会社等が市場取引等により取得する場合の特例

　上場会社等が市場取引により取得する場合は、みなし配当を認識しない特例が置かれている（法法24条1項5号かっこ書き）。この場合、自己株式を取得した法人において、利益積立金額は変動せず、交付金銭等の額（払戻額）の全額について資本金等の額を減少するものと規定されている（法令8条1項21号）。

　ここでいう市場取引等は、市場取引による取得だけではなく、次のものを指す。

みなし配当が発生しない市場取引等

金融商品取引所における取引	金融商品取引所の開設する市場における取得であり、自己株式立会外買付取引（ToSTNET-3）による取得も含まれる。
店頭売買登録銘柄取引	店頭売買登録銘柄（株式で、認可金融商品取引業協会が、その定める規則に従い、その店頭売買につき、その売買価格を発表し、かつ、当該株式の発行法人に関する資料を公開するものとして登録したものをいう）として登録された株式のその店頭売買による取得

私設取引システム取引（PTS）	金融商品取引法2条8項に規定する金融商品取引業のうち同項10号に掲げる行為を行う者が同号の有価証券の売買の媒介、取次ぎまたは代理をする場合におけるその売買（同号ニに掲げる方法により売買価格が決定されるものを除く）

　なお、相続人からの自己株式の取得の場合で、みなし配当について課税しない特例（措法9条の7）が適用される場合、株式を譲渡した相続人の側はみなし配当について非課税となる（＝株式の譲渡所得のみとなる）が、自己株式を取得した発行法人側においては取得資本金額を超えて払い戻した額については利益積立金額の減少を原則どおり認識する点に留意する必要がある。

設 例　自己株式を市場取引により取得した場合

前提条件

　自己株式を市場取引により取得した。取得価額は500であった。会計上の仕訳および税務上の仕訳と、別表の記載方法を示しなさい。

・・・

1．会計処理

　会計上は、自己株式の取得原価をもって純資産の部の株主資本から控除する（自己株式等会計基準7項）。

　　自己株式　　　　500　　／　　現預金　　　　500

2．税務処理

　利益積立金額は変動せず、交付金銭等の額の全額について、資本金等の額が減少する。

　　資本金等の額　　500　　／　　現預金　　　　500

3．別表の記載

　みなし配当は生じないため、別表4上で留保所得金額を減少させる必要

はない。別表5(1)の「資本金等の額の計算に関する明細書」において自
己株式と記載し、マイナス500の記載を行うことが考えられる。このマイ
ナス500は、自己株式に係る会計上の帳簿価額と税務上の帳簿価額（ゼ
ロ）との差異を表しているが、その差異については、税務上資本金等の額
の減少として処理される。

別表5(1)　利益積立金額および資本金等の額の計算に関する明細書

Ⅰ．利益積立金額の計算に関する明細書				
区　　分	期首現在利益積立金額	当期の増減		差引翌期首現在利益積立金額 ①－②＋③
		減	増	
	①	②	③	④
利益準備金				
積立金				

Ⅱ　資本金等の額の計算に関する明細書				
区　　分	期首現在資本金等の額	当期の増減		差引翌期首現在資本金等の額
		減	増	
資本金または出資金				
資本準備金				
自己株式			△500	△500

2. 自己株式の処分に係る処理

(1) 自己株式の処分に係る税務

　自己株式の処分に係る税務上の取扱いであるが、新株発行と同様に、処
分の対価の額について資本金等の額の増加を認識する（法令8条1項1
号）。新株発行の場合、株式の対価として払い込まれた額（払込金額）に
ついて資本金等の額の増加を認識するが、自己株式の処分についても、処

分した株式の対価として交付を受けた金銭の額について資本金等の額の増加を認識する。

なお、資本金等の額が増加することにより、法人住民税の均等割の負担が増加する可能性が生じる点に留意する必要がある。

(2) 消費税の取扱い

法人が自己株式を処分する場合における他の者への株式の引渡しは、新株発行に準ずる行為であり、消費税法上の資産の譲渡等に該当しない（消基通5－2－9）。課税対象外である。

設 例 自己株式の処分に係る処理（自己株式処分差益の場合）

前提条件

会計上の帳簿価額500である自己株式を700で処分した。会計上の仕訳および税務上の仕訳と、別表の記載方法を示しなさい。

なお、取得時にみなし配当120が生じており、別表5(1)に、みなし配当に係る「利益積立金額の計算に関する明細書」にマイナス120の調整、「資本金等の額の計算に関する明細書」にプラス120の調整が残っているものとする。

・・・

解 答

1．会計上の仕訳

自己株式処分差益が200生じたが、これをその他資本剰余金に計上する（自己株式等会計基準9項）。

現預金	700	自己株式	500
		自己株式処分差益	200
		（その他資本剰余金）	

2．税務上の仕訳

処分の対価の額700について資本金等の額の増加を認識する（法令8条

1項1号)。

現預金　　　　　700　　／　　資本金等の額　　　　700

3．別表の記載

　会計上、その他資本剰余金が200生じているが、それを「資本金等の額の計算に関する明細書」の増加欄に記載する。

　一方、会計上、自己株式の帳簿価額がゼロになったため、「資本金等の額の計算に関する明細書」の自己株式の行の増加欄に500と記載し、期末金額をゼロとする。

　以上の記載により、トータルで資本金等の額が700増加する。

　なお、みなし配当に係るプラス・マイナス120の記載が残っているが、これは永久に解消しない差異であると考えられる[19]。

別表5 (1)　利益積立金額および資本金等の額の計算に関する明細書

I．利益積立金額の計算に関する明細書			
区　　分	期首現在利益積立金額	当期の増減		差引翌期首現在利益積立金額 ①－②＋③
		減	増	
	①	②	③	④
利益準備金				
積立金				
資本金等の額	△120			△120

II　資本金等の額の計算に関する明細書			
区　　分	期首現在資本金等の額	当期の増減		差引翌期首現在資本金等の額
		減	増	
資本金または出資金				
資本準備金				

19　自己株式の取得時に、みなし配当が生じる場合、税務上は利益積立金額の減少を認識するが、会計上はみなし配当という概念はなく、利益剰余金は変動しない。そのことから、永久に解消しない差異が生じると考えられる。

その他資本剰余金			200	200
自己株式	△500		500	0
利益積立金額	120			120

・・

設例 自己株式の処分に係る処理（自己株式処分差損の場合）

前提条件

　会計上の帳簿価額500である自己株式を400で処分した。会計上の仕訳および税務上の仕訳と、別表の記載方法を示しなさい。

　なお、取得時にみなし配当120が生じており、別表5（1）に、みなし配当に係る「利益積立金額の計算に関する明細書」にマイナス120の調整、「資本金等の額の計算に関する明細書」にプラス120の調整が残っているものとする。

・・

解答

1．会計上の仕訳

　自己株式処分差損が100生じたが、その他資本剰余金の減少として処理する（自己株式等会計基準10項）。

現預金	400	/	自己株式	500
自己株式処分差損	100			
（その他資本剰余金）				

2．税務上の仕訳

　処分の対価の額400について資本金等の額の増加を認識する（法令8条1項1号）。

現預金	400	/	資本金等の額	400

3．別表の記載

　会計上、その他資本剰余金が100減少しているが、「資本金等の額の計算に関する明細書」の増加欄にマイナス100と記載する。

　一方、会計上、自己株式の帳簿価額がゼロになったため、「資本金等の額の計算に関する明細書」の自己株式の行の増加欄に500と記載し、期末金額をゼロとする。

　以上の記載により、トータルで資本金等の額が400増加する。

　なお、みなし配当に係るプラス・マイナス120の記載が残っているが、これは永久に解消しない差異であると考えられる[20]。

別表5（1）　利益積立金額および資本金等の額の計算に関する明細書

I．利益積立金額の計算に関する明細書			
区　　分	期首現在利益積立金額	当期の増減		差引翌期首現在利益積立金額 ①－②+③
		減	増	
	①	②	③	④
利益準備金				
積立金				
資本金等の額	△120			△120

II　資本金等の額の計算に関する明細書			
区　　分	期首現在資本金等の額	当期の増減		差引翌期首現在資本金等の額
		減	増	
資本金または出資金				
資本準備金				
その他資本剰余金	X X X		△100	X X X
自己株式	△500		500	0
利益積立金額	120			120

・・

20　自己株式の取得時に、みなし配当が生じる場合、税務上は利益積立金額の減少を認識するが、会計上はみなし配当という概念はなく、利益剰余金は変動しない。そのことから、永久に解消しない差異が生じると考えられる。

(3) その他資本剰余金の残高がない場合の対応

　その他資本剰余金の残高がもともとない場合で、自己株式処分差損が生じた場合、会計上は自己株式処分差損についてその他資本剰余金の減少を認識する。会計期間末においてもその他資本剰余金がマイナス残高であるときは、その他利益剰余金を減額して、その他資本剰余金の残高をゼロにするとされている（自己株式等会計基準12項）。

　「資本金等の額の計算に関する明細書」においては、その他資本剰余金の残高がもともとない場合でも増加欄にマイナスを記載する方法が考えられる。会計期間末においてもマイナス残高で、その他利益剰余金を減額して、その他資本剰余金の残高をゼロにしたとしても、税務上の数字には何も影響がないため、その段階で特に別表上で調整する必要はないものと考えられる。

3. 自己株式の消却に係る処理

(1) 自己株式の消却に係る税務

　自己株式を消却した場合、税務上、何もなかったものとして取り扱う。利益積立金額も変動せず、資本金等の額も変動しない。もちろん所得にも影響はない。

　会計上、自己株式を消却した場合、消却した自己株式の帳簿価額について、その他資本剰余金の減少を認識するが、税務上は、数字には何も影響しない。

(2) 消費税の取扱い

　法人が自己株式を消却する場合、消費税法上の資産の譲渡等に該当しない。課税対象外である。

設 例　自己株式の消却に係る処理

前提条件

　保有している自己株式（帳簿価額500）をすべて消却した。会計上の仕

訳および税務上の仕訳と、別表の記載方法を示しなさい。

　なお、取得時にみなし配当120が生じており、別表５(1)に、みなし配当に係る「利益積立金額の計算に関する明細書」にマイナス120の調整、「資本金等の額の計算に関する明細書」にプラス120の調整が残っているものとする。

• •

【解　答】

1．会計上の仕訳

　自己株式を消却した場合には、消却の対象となった自己株式の帳簿価額をその他資本剰余金から減額する（自己株式等会計基準11項）。ここでは帳簿価額500について、その他資本剰余金の減少を認識する。

　その他資本剰余金　　500　　／　　自己株式　　　　　500

2．税務上の仕訳

　税務上、何もなかったものとして取り扱う。利益積立金額も変動せず、資本金等の額も変動しない。もちろん所得にも影響はない。

　仕訳なし

3．別表の記載

　会計上、その他資本剰余金が500減少しているため、「資本金等の額の計算に関する明細書」のその他資本剰余金の行の増加欄にマイナス500と記載する。

　一方、会計上、自己株式の帳簿価額がゼロになったため、「資本金等の額の計算に関する明細書」の自己株式の行の増加欄に500と記載し、期末金額をゼロとする。

　以上の記載により、トータルで資本金等の額は変動しないことが表される。

　なお、みなし配当に係るプラス・マイナス120の記載が残っているが、これは永久に解消しない差異であると考えられる[21]。

別表5(1)　利益積立金額および資本金等の額の計算に関する明細書

区　　分	Ⅰ．利益積立金額の計算に関する明細書			
	期首現在利益積立金額	当期の増減		差引翌期首現在利益積立金額 ①－②＋③
		減	増	
	①	②	③	④
利益準備金				
積立金				
資本金等の額	△120			△120

区　　分	Ⅱ　資本金等の額の計算に関する明細書			
	期首現在資本金等の額	当期の増減		差引翌期首現在資本金等の額
		減	増	
資本金または出資金				
資本準備金				
その他資本剰余金	×××	500		×××
自己株式	△500		500	0
利益積立金額	120			120

● ●

(3) その他資本剰余金の残高がない場合の対応

　その他資本剰余金の残高がもともとない場合でも、会計上はいったんその他資本剰余金の減少を認識し、会計期間末においてもマイナス残高であるときは、その他利益剰余金を減額して、その他資本剰余金の残高をゼロにするとされている（自己株式等会計基準12項）。

　「資本金等の額の計算に関する明細書」においては、その他資本剰余金の残高がもともとない場合でも増加欄にマイナスを記載する方法が考えら

21　自己株式の取得時に、みなし配当が生じる場合、税務上は利益積立金額の減少を認識するが、会計上はみなし配当という概念はなく、利益剰余金は変動しない。そのことから、永久に解消しない差異が生じると考えられる。

れる。会計期間末においてもマイナス残高で、その他利益剰余金を減額して、その他資本剰余金の残高をゼロにしたとしても、税務上の数字には何も影響がないため、その段階で特に別表上で調整する必要はないものと考えられる。

　以上、自己株式の取得、処分および消却に係る会計処理と税務処理を表にまとめると、次のようになる。

自己株式の各取引に係る会計処理と税務処理

会計処理	税務処理
・取得 取得の対価について、株主資本のマイナスとして処理する。	・取得 資本金等の額の減少と利益積立金額の減少に区分計算する（上場会社等が市場取引等により取得する場合は、資本金等の額の減少のみ）。
・処分 処分差益はその他資本剰余金の増加、処分差損はその他資本剰余金の減少として処理する[22]。	・処分 処分価額全額について資本金等の額を増加する。
・消却 消却した自己株式の帳簿価額について、その他資本剰余金を減少する。	・消却 何もなかったものとして処理する。（資本金等の額も利益積立金額も変動しない。）

4. 法人住民税均等割への影響

(1) 法人住民税均等割の税率区分の基準となる額

　平成27年度税制改正により、法人住民税均等割の税率区分の基準である資本金等の額が、資本金に資本準備金を加えた額（または出資金の額）を下回る場合、法人住民税均等割の税率区分の基準となる額を資本金に資本準備金を加えた額（または出資金の額）とする規定が設けられた（地法52

22　ただし、会計期間末において、その他資本剰余金がマイナスであるときは、その他利益剰余金を減額し、その他資本剰余金をゼロとする。

条4項)。

　外形標準課税の資本割の課税標準の額についても、同様に取り扱われることとされた。

　適用時期は、平成27年4月1日以後に開始する事業年度について適用されている。

```
┌─────────────────────────────────────────────────────┐
│ 法人住民税均等割の税率区分                              │
│ の基準である資本金等の額    <  │資本金の額│ + │資本準備金の額│ │
│ (法人税法上の資本金等の額)        (または出資金の額)      │
│ ──→ 法人住民税均等割の税率区分の基準となる額を、資本金の額+資  │
│      本準備金の額(または出資金の額)とする。               │
└─────────────────────────────────────────────────────┘
```

　要するに、法人住民税均等割の税率区分の基準となる額は、上記の左辺と右辺とのいずれか多い額という意味である。

　なお、保険業法に規定する相互会社を除くすべての法人が適用対象であり、出資金の形態の法人の場合は、資本金に資本準備金を加えた額を出資金の額と読み替えて適用する点に留意する必要がある。

(2) 自己株式の取得との関係

　自己株式を取得したときに、この規定の影響を受ける場合が生じ得る点に留意する必要がある。すなわち、自己株式を取得すると、法人税法上の資本金等の額が減少する。したがって、上記の左辺が減少する。しかし、自己株式を取得するときに、資本金や資本準備金を減少することは通常ないので、右辺は変わらない。その結果、左辺が右辺を下回る。その場合、法人住民税均等割の税率区分の基準となる額は、右辺の資本金に資本準備金を加えた額(または出資金の額)となるので、法人住民税均等割の税率区分の基準となる額は従前のまま変わらないということになる。

　地方税法の改正前は均等割が下がるケースがあったが、改正後は直ちに下がることはないということになる。次の設例を参考とされたい。

設 例 自己株式の取得と均等割への影響

前提条件

自己株式の取得価額（交付金銭の額）が3,000,000円であったものとする。自己株式を取得した法人の取得直前の資本金等の額は12,000,000円であり、発行済株式総数240株のうち取得した自己株式の数が50株であったものとする。また、会計上の資本金は10,000,000円、資本準備金は2,000,000円であったとする。

なお、みなし配当に係る源泉所得税等の徴収については捨象する。

● ●

解 答

(1) 会計処理

自己株式等会計基準に従って、取得原価をもって株主資本から控除する。

| 自己株式 | 3,000,000 | ／ | 現預金 | 3,000,000 |

(2) 税務処理（法人税）

法人税法上は、資本金等の額の減算額をまず計算し、払戻額がその額を上回るときはその超過額を利益積立金額の減算額として処理する。

① 資本金等の額の減算額

まず資本金等の額の減算額を計算する。

資本金等の額の減算額（A）

$$= \frac{取得直前の資本金等の額}{直前の発行済株式総数（自己株式数を除く）} \times 取得する自己株式数$$

$$= 12,000,000円／240株 \times 50株$$

$$= 2,500,000円$$

② 利益積立金額の減算額

次に、利益積立金額の減算額を計算する。

交付金銭の額（払戻額）－資本金等の額の減算額（①で計算）

＝3,000,000円－2,500,000円

＝500,000円

③ 税務上の仕訳

| 資本金等の額 | 2,500,000 | / | 現預金 | 3,000,000 |
| 利益積立金額 | 500,000 | | | |

(3) 地方税の取扱い

　法人住民税均等割の税率区分の基準である資本金等の額が、資本金に資本準備金を加えた額を下回る場合、法人住民税均等割の税率区分の基準となる額は資本金に資本準備金を加えた額とされる（地法52条4項）。

　本件の場合、法人住民税均等割の税率区分の基準である資本金等の額は、自己株式の取得の結果9,500,000円（12,000,000円－2,500,000円）となるが、資本金と資本準備金の合計額は12,000,000円で変わらない。

　9,500,000円　＜　12,000,000円

　このように左辺が右辺を下回るので、法人住民税均等割の税率区分の基準となる額は、右辺の12,000,000円となる。

　地方税法の改正前は、9,500,000円となり、均等割が下がったところが、改正後の取扱いでは均等割は下がらないということになる。

5. みなし配当に係る益金不算入制限

　法人の株主に対して、その法人の自己株式の取得に伴い、金銭または金

銭以外の資産が交付された場合、その交付金銭等の額のうちその法人の資本金等の額に対応する金額（取得資本金額）を超える部分の金額は配当とみなされる（法法24条１項５号、法令23条１項６号）。法人株主である場合は、このみなし配当について益金不算入規定の適用を受ける（法法23条１項）。

　平成22年度税制改正により、発行法人が自己株式として取得することを予定している株式をある法人が取得し、予定通り発行法人により自己株式を取得された場合には、これにより生ずるみなし配当について益金不算入制度を適用しないものとされた（法法23条３項、法令20条）。

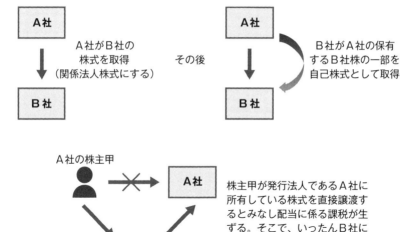

　上記のようなケースでは、発行法人に株式を譲渡する法人において譲渡損が計上される[23]一方で、みなし配当は益金不算入となり、節税が可能となる。本改正は、節税スキーム封じの色彩が強いものといえる。

　「自己株式として取得されることを予定して取得」したかどうかは、事

23　例えば株式の取得価額と交付金銭の額が同額である場合、株式の譲渡対価の額は交付金銭の額からみなし配当の額を控除した額となるため、みなし配当の額に相当する金額の譲渡損が生じる。詳しくは、「第４章　株主の処理」を参照されたい。

実認定に委ねられることになる。事実認定に係る判断基準を法令で規定することは極めて困難であるため、それについては実務上の解釈や運用に委ねられるものと思われる。

　この点については、例えばA法人の株式をB法人が買い集めた後にC法人がB法人を（適格）合併し、その後にC法人が所有しているA法人株式をA法人に取得されるような場合、被合併法人であるB法人が当該株式を取得した時点ですでに自己株式の取得が予定されていた場合には、益金不算入規定は不適用となる点が政令で明らかにされている（法令20条1号）。本規定は、当該取得株式が適格合併、適格分割または適格現物出資により被合併法人、分割法人または現物出資法人から移転を受けたものである場合に適用される。

　また、上場会社等が自己の株式の公開買付けを行う場合における公開買付期間中に、法人が当該株式を取得したときの当該株式については、「自己株式の取得が予定されている株式」に該当する（法基通3-1-8）。

　さらに、上場会社等が合併等の組織再編を行う場合に、その合併等に反対の株主には、その有する株式の買取請求権が認められているが（会社法785条1項、797条1項、806条1項等）、合併等を行う旨を公告した後、株式買取請求を行うことができる期間（例えば吸収合併の場合には、吸収合併の効力発生日の前日までの期間）に法人が取得した買取請求の対象となる当該上場会社等の株式も、「自己株式の取得が予定されている株式」に該当すると考えられる[24]。

　なお、本改正は、100％のグループ内以外が適用範囲である点に留意する必要がある。それは、法人税法23条3項に「法人税法61条の2第17項の規定の適用があるものを除く」とかっこ書きが付されているからである。

　したがって、100％グループ内の法人が自己株式を取得した場合は、譲渡損益不計上となる一方、みなし配当については益金不算入規定の適用を受けることになる。

24　佐藤友一郎編著「法人税基本通達逐条解説（九訂版）」税務研究会出版局、P453。

6.　自己株式の低廉取得の取扱い

　自己株式を、時価を下回る価額により取得（低廉取得）した場合の取扱いが問題となる。平成18年度税制改正前は、自己株式の取得は資産（有価証券）の取得を前提とした規定になっていたため、資産の低廉取得にそのまま該当することになるため、時価と取得価額との差額が発行法人において受贈益として認識されることは当然であった。

　一方、平成18年度税制改正後は、資本等取引として整理されたため、自己株式を取得したときは、資本金等の額の減算すべき額（取得資本金額）をまず計算し、取得資本金額が交付金銭の額（取得価額）を上回る計算結果が出た場合に、超過額を減算した額と規定された（法令８条１項20号）。

　低廉取得である場合は、交付金銭の額（取得価額）が時価よりも低い価額になっているため、取得資本金額の計算結果が交付金銭の額（取得価額）を上回る可能性が高いことになる。その場合の取得資本金額はその超過額を減算した額となるので、取得資本金額と交付金銭の額（取得価額）は次のように等しくなる。

　自己株式の低廉取得は、有利発行による新株発行（増資）とちょうど正反対の取引にあたる。有利発行による新株発行の場合は払い込まれた金銭の額について資本金等の額の増加を認識するのみであり（法令８条１項１号）、時価と払込金額との差額について寄附金を認識することは通常はない。それと整合的に規定されている自己株式の取得の場合は、先に説明したように、低廉取得であっても実際に払い戻した金銭の額について資本金等の額を減算するとされており、受贈益を認識する直接の規定はない。

　ただし、株主と発行法人との間で適正な時価を認識する中であえて時価と異なる価額で取得することについて経済的合理性を欠いたものについては、時価と取得価額との差額部分について損益取引として資本等取引とは区別して寄附金または受贈益を認識して取り扱うという考え方は成り立つと考えられ、そのような経済的合理性を欠いた取引について受贈益が認定されることはあり得ると思われる[25]。

　経済的利益の供与を意図する取引において、それが株式を譲渡する株主から発行法人に対する利益供与なのか、株式を譲渡する株主から他の株主に対する利益供与なのかは、その取引の実態、取引当事者の意図等に基づいて判断されるべきであるように考えられる。いずれにしても、発行法人において受贈益が認識されるのは例外的・限定的であると考えられる。

　また、自己株式を低廉取得したときの譲渡した株主から他の株主に対する財産の移転が生じることになるが[26]、譲渡した株主と他の株主が親族等の関係であるときは、みなし贈与の認定により、贈与税が課されることが考えられる（相基通9-2）。

　さらに、個人から発行法人に対して時価の2分の1を下回る価額で株式を譲渡した場合には、時価で譲渡したものとみなして譲渡所得の計算が行われることが考えられる（所法59条1項2号）。

　なお、自己株式を取得するときの時価については、法人税基本通達9-1-13、9-1-14等の取扱いを参考とする場合が多いが、資本関係、人的関係、取引関係がない純然たる第三者間で種々の要素を考慮して定められた価額によるときは、経済的合理性がそこに働くため、通達の示した価

---

[25]　時価と異なる価額で自己株式の取得が行われた場合の発行法人において、資本等取引として原則として寄附金または受贈益の問題は生じない。ただし、適正な時価を認識しつつ、贈与または経済的な利益を供与する意図をもってなされた場合は適正な価額での取引と差額寄附金または受贈益の損益取引が行われたものと認定されるおそれがあるとの見解として、諸星健司「資本等取引をめぐる法人税実務（三訂版）」税務研究会（P117からP118）がある。
　　また、清水秀徳（税務大学校・第45期研究科）「自己株式の無償・低廉取得に係る法人税の課税関係」においては、「自己株式を無償等で取得した発行法人に受贈益課税するのは適当でなく、発行法人に課税関係は生じないと考える。」と結論づけている。
[26]　時価よりも低い価額で発行法人に譲渡した場合、1株当たりの時価が上昇する。その結果、残存株主の持分が増加することになる。

額と異なる場合であっても、原則として、合理的な価額として認められる
ものと解される。

7. 自己株式を時価と異なる価額で処分したときの取扱い

(1) 自己株式を時価よりも低い価額で処分した場合

　自己株式を時価よりも低い価額で処分した場合、有利発行による新株発
行と同様の取扱いになると考えられる。すなわち、有利な価額で引き受け
た引受人に発生した経済的利益は、法人が引き受けた場合は受贈益として
益金の額に算入されると考えられる。この点は、有価証券と引換えに払込
みをした金銭の額および給付をした金銭以外の資産の価額の合計額が有価
証券の取得のために通常要する価額（時価）に比して有利な金額である場
合の有価証券の取得価額をその取得の時における時価とする取扱い（法令
119条1項4号）からも明らかである。

　また、個人が有利な価額で引き受けた場合は、処分された株式の時価と
払込金額との差額は、収入金額として所得税の課税対象となる。原則とし
て、一時所得であるが、発行法人の役職員が役員または使用人としての地
位または職務等に関連して取得した場合は、給与所得課税になると考えら
れる。さらに、特定の者が有利な価額で株式を引き受けることにより、株
主間の財産移転が生じる場合に、親族等の関係であるときは、みなし贈与
の認定により、所得税ではなく、贈与税が課されることが考えられる（相
基通9-2）。

　ただし、株主割当てによる自己株式の処分、すなわちすべての株主が持
株数に応じて平等に引き受けた場合は、いずれの株主にも利益・不利益は

生じないため、課税関係は生じないと考えられる。

　なお、自己株式を処分した発行法人においては、有利発行による新株発行と同様に、資本等取引であるため、寄附金等の認識はされないと考えられる。

(2) 自己株式を時価よりも高い価額で処分した場合

　自己株式を時価よりも低い価額で処分した場合と正反対の関係になる。引受人から発行法人に対する経済的利益の移転という実態になるが、発行法人においては資本等取引であるため、原則として受贈益は認識しないと考えられる。一方、高い価額で引き受けた引受人においては、有価証券の取得価額を定めた取扱いに、高額引受けの規定はないため、原則として実際の引受価額が有価証券の取得価額になると考えられる。ただし、贈与の意図が明らかであるような場合は、有価証券の時価を取得価額とすべきという考え方が成り立つと思われる。

　また、特定の者が時価よりも高い価額で株式を引き受けることにより、株主間の財産移転が生じる場合に、親族等の関係であるときは、みなし贈与の認定により、贈与税が課されることが考えられる（相基通9-2）。

　ただし、株主割当てによる自己株式の処分、すなわちすべての株主が持株数に応じて平等に引き受けた場合は、いずれの株主にも利益・不利益は生じないため、課税関係は生じないと考えられる。

8．相続等により株式を取得した者からの自己株式の取得

(1) 全額を株式の譲渡収入とする特例

　相続または遺贈により財産を取得して相続税を課税された者が、相続の開始があった日の翌日から相続税の申告書の提出期限の翌日以後3年を経過する日までの間に、相続税の課税の対象となった非上場株式をその発行法人に譲渡した場合においては、その者が株式の譲渡の対価として発行法人から交付を受けた金銭の額が、その発行会社の資本金等の額のうちその譲渡株式に対応する部分の金額を超えるときであっても、その超える部分

の金額は配当所得とはみなされず、発行会社から交付を受ける金銭の全額が株式の譲渡所得に係る収入金額とされる（措法9条の7）。

したがって、この場合、発行法人から交付を受ける金銭の全額が非上場株式の譲渡所得に係る収入金額となり、その収入金額から譲渡した非上場株式の取得費および譲渡に要した費用を控除して計算した譲渡所得金額の15.315％に相当する金額の所得税が課税される。

なお、相続人が発行法人に譲渡する株式と同一銘柄の株式をすでに保有していた場合は、相続等により取得した株式から優先的に譲渡したものとして取り扱われる。

(2) 全額を譲渡収入とする特例の適用に係る要件

譲渡対価の全額を譲渡所得の収入金額とする特例（措法9条の7）の適用を受けるために必要な要件は、次のとおりである。

適用にあたっての要件

・相続税が生じていること
・相続または遺贈により財産を取得した者であり、その相続財産中に発行法人に譲渡する非上場株式が含まれていること
・相続の開始があった日の翌日から相続税の申告書の提出期限の翌日以後3年を経過する日までの間に行われた譲渡であること
・その非上場株式を発行法人に譲渡する時までに「相続財産に係る非上場株式をその発行会社に譲渡した場合のみなし配当課税の特例に関する届出書」を発行会社を経由して、発行法人の本店または主たる事務所の所在地の所轄税務署長に提出する

相続財産に係る非上場株式をその発行会社に譲渡した
場合のみなし配当課税の特例に関する届出書（譲渡人用）

発行会社受付印	税務署受付印	譲渡人	住所又は居所	〒　　　　　　　　　　電話　　　　－　　　　－
令和　年　月　日　　税務署長殿			（フリガナ）　氏　　　名	㊞
			個 人 番 号	

租税特別措置法第9条の7第1項の規定の適用を受けたいので、租税特別措置法施行令第5条の2第2項の規定により、次のとおり届け出ます。

被相続人	氏　　　　　　名		死亡年月日	平成・令和　年　月　日
	死 亡 時 の 住 所又 は 居 所			
納 付 す べ き 相 続 税 額又 は そ の 見 積 額		円	（注）納付すべき相続税額又はその見積額が「0円」の場合にはこの特例の適用はありません。	
課 税 価 格 算 入 株 式 数				
上 記 の う ち 譲 渡 をし よ う と す る 株 式 数				
その他参考となるべき事項				

(3) 取得費加算特例の併用

　上記の特例の適用を受け、非上場株式の譲渡による譲渡所得金額を計算するに当たり、その非上場株式を相続または遺贈により取得したときに課された相続税額のうち、その株式の相続税評価額に対応する部分の金額を取得費に加算して収入金額から控除することができる。ただし、加算される金額は、この加算をする前の譲渡所得金額が限度となる。

第4章

株主の処理

Ⅰ 会計処理

1. 自己株式の取得

　株式をその発行法人に譲渡した株主においては、株式の譲渡として取り扱うものと考えられる。会計上、みなし配当という考え方・取扱いはないため、譲渡対価の額と譲渡した株式の帳簿価額との差額について、株式の売却損益を認識することになると考えられる。

現預金	×××　／	投資有価証券	×××
		有価証券売却益	×××

　なお、税務上のみなし配当が生じる場合は、所得税の源泉徴収（税率20.42％）が必要になり、その額について借方に法人税等または仮払税金などの科目を計上し、その分借方の現預金が少なくなる。

2. 自己株式の処分

　自己株式の処分により株式を取得した株主においては、払込金額に付随費用を加算した額を有価証券の取得価額とする。払込期日（払込期間を定めたときは払込日）が自己株式の処分の効力発生日となるため、その日付で仕訳を起こす。

投資有価証券	×××　／	現預金	×××

3. 自己株式の消却

　発行法人が自己株式の消却をした場合、あくまでも発行法人の内部取引であり、取引当事者となる株主は存在しない。各株主の持分にも変動は生じない。株主の会計処理の問題は生じない。

Ⅱ　税務処理

1．完全支配関係がない場合

(1)　株式の譲渡対価とみなし配当

　税務上、自己株式の取得は株主に対する資本の払戻しとして整理されている。株主に対する資本の払戻しは、みなし配当事由として、法人税法24条1項5号の規定の適用を受ける。すなわち、自己株式を取得した発行法人は①資本金等の額の減算を認識するが、これは払戻しを受ける株主の側からみると「出資の返還」とみる。したがって、株主において株式の譲渡対価として取り扱う。

　また、②交付金銭の額（払戻額）が①の額を上回る場合には、自己株式を取得した発行法人はその超過額について利益積立金額の減算として処理するとされているが、この額はみなし配当であり、株主の側においては受取配当金として取り扱う。この受取配当金については、受取配当等の益金不算入規定の適用を受けることができる。

　要するに、株主においては、株式の譲渡対価と譲渡原価との差額を株式の譲渡損益として認識し、みなし配当の額については受取配当金として認識する。株式の譲渡損益と受取配当金を両方認識することが重要なポイントである。

(2)　株主の側における金額のとらえ方

　株主側においては、みなし配当の額等を直接計算することはできない。自己株式を取得した発行法人から通知を受けた支払通知書の内容により処理することになる。すなわち、みなし配当については、源泉徴収の対象であることから、支払通知書により受取配当金の数値をとらえることができる。

　また、交付金銭の額（払戻額）から受取配当金の額を控除した残額が、

株式の譲渡対価となる。一方、発行法人に譲渡した株式の帳簿価額が株式の譲渡原価の額である。譲渡原価の額は、1単位当たり帳簿価額に譲渡株式数を乗じて計算されるが、通常の株式の譲渡と同様に、1単位当たり帳簿価額の算出方法は移動平均法と総平均法のいずれかにより計算を行う。移動平均法または総平均法の選定については納税地の所轄税務署長に届出を行う必要があり、届出を行わなかった場合には法定の計算方法である移動平均法により1単位当たりの帳簿価額を算出する。

　株式の譲渡対価の額と譲渡原価の額との差額を株式の譲渡益または株式の譲渡損とする。

・みなし配当　　　→　支払通知書から把握
・株式の譲渡対価　→　払戻額全体から源泉徴収の対象である受取配当金
　　　　　　　　　　　（みなし配当）の額を差し引いて把握
・株式の譲渡原価　→　発行法人に譲渡した株式の帳簿価額

---

(3) 株式の譲渡損が生じるケースと譲渡益が生じるケース

　下記の図表のように、株主においては、株式の譲渡損が生じる場合と、株式の譲渡益が生じる場合と両方ある。

　法人株主の場合、株式の譲渡損は損金の額に算入され、株式の譲渡益は益金の額に算入される。一方、受取配当金（みなし配当）については受取配当等の益金不算入規定の適用を受ける。

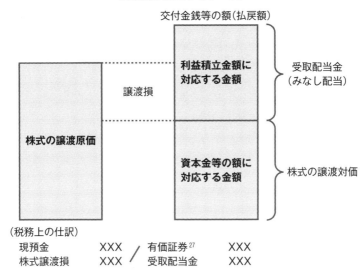

譲渡損が発生するケース

（税務上の仕訳）

現預金	XXX	/	有価証券[27]	XXX
株式譲渡損	XXX		受取配当金	XXX

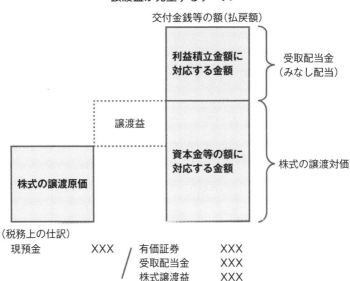

譲渡益が発生するケース

（税務上の仕訳）

現預金	XXX	/	有価証券	XXX
			受取配当金	XXX
			株式譲渡益	XXX

27　「有価証券」勘定の貸方は、株式の譲渡原価相当額を株式の帳簿価額から減額するという意味である（以下同様）。

(4) 個人株主の場合

　個人株主の場合、交付金銭等の額（払戻額）を株式の譲渡収入の額とみなし配当の額に区分する点は同様である。みなし配当については、自己株式を取得する発行法人から「配当等とみなす金額に関する支払調書（支払通知書）」が送付されるため、その通知書に基づいて金額をとらえる点も、法人株主の場合と同様である。

　交付金銭等の額（払戻額）からみなし配当の額を控除した額を、株式の譲渡所得に係る収入とする（措法37条の10第3項5号）。取得費や譲渡費用については、通常の株式の譲渡と同様に計算することになる。みなし配当については、配当所得として申告対象になる（配当控除の適用あり）。

　配当所得には申告不要制度が置かれている。非上場株式に係る配当については、1銘柄について1回の配当金額に12を乗じて、配当計算期間の月数で除した金額が10万円以下である場合は、申告を行うか、行わないで源泉徴収のみで済ませるかの選択が認められる（措法8条の5第1項1号）。みなし配当については、配当計算期間を12ヵ月として計算するため、みなし配当の額が10万円以下であるときは、上記の選択が可能である。

　みなし配当に係る源泉徴収税額（20.42％）については、確定申告における所得税の額から控除される（所法120条1項5号）。控除しきれなかった額があるときは、還付の対象になる。

2．市場取引等による場合

　上場会社等が市場取引等で取得した場合は、みなし配当はないものとされ、交付金銭等の額の全額について資本金等の額の減算になる。

　株主においては、受取配当金は認識されず、株式の譲渡損益のみを認識することになる。この場合、交付金銭等の額（払戻額）の全額が株式の譲渡対価の額となり、譲渡原価の額（譲渡した株式の帳簿価額）との差額を株式の譲渡損益とする。

　なお、ここでいう市場取引等は、市場取引による取得だけではなく、次

のものを指す。

みなし配当が発生しない市場取引等

金融商品取引所における取引	金融商品取引所の開設する市場における取得であり、自己株式立会外買付取引（ToSTNET-3）による取得も含まれる。
店頭売買登録銘柄取引	店頭売買登録銘柄（株式で、認可金融商品取引業協会が、その定める規則に従い、その店頭売買につき、その売買価格を発表し、かつ、当該株式の発行法人に関する資料を公開するものとして登録したものをいう）として登録された株式のその店頭売買による取得
私設取引システム取引（PTS）	金融商品取引法2条8項に規定する金融商品取引業のうち同項10号に掲げる行為を行う者が同号の有価証券の売買の媒介、取次ぎまたは代理をする場合におけるその売買（同号ニに掲げる方法により売買価格が決定されるものを除く）

3. 完全支配関係がある場合

　法人税法24条1項各号に掲げる事由（みなし配当事由という[28]）により当該法人との間に完全支配関係がある他の内国法人から金銭その他の資産の交付を受けた場合に、従来、みなし配当と株式の譲渡損益が生じたところ、平成22年度税制改正後は、株式の譲渡対価の額を譲渡原価の額とすると規定され、株式の譲渡損益は計上しないものと改められた（法法61条の2第17項）。改正前の譲渡損益に相当する額は、改正後は、資本金等の額の加減算処理となる（法令8条1項22号）。

28　自己株式の取得、資本剰余金の減少に伴う剰余金の配当、残余財産の分配など、株主が発行法人から金銭等の交付を受ける場合に、みなし配当が生じる事由である。

資本金等の額の減算が生じるケース

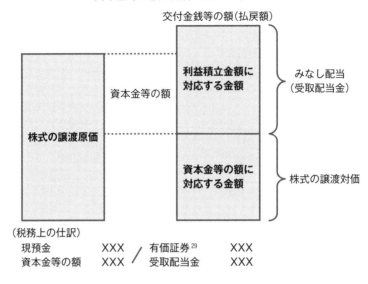

（税務上の仕訳）

現預金	XXX	有価証券[29]	XXX
資本金等の額	XXX	受取配当金	XXX

資本金等の額の加算が生じるケース

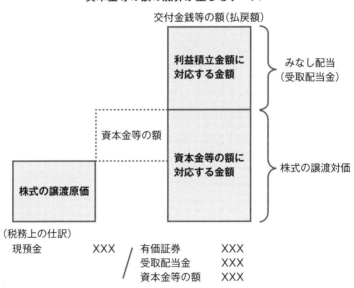

（税務上の仕訳）

現預金	XXX	有価証券	XXX
		受取配当金	XXX
		資本金等の額	XXX

---

29 「有価証券」勘定の貸方は、株式の譲渡原価相当額を株式の帳簿価額から減額するという意味である（以下同様）。

　譲渡損益に相当する額は、資本金等の額の加減算処理となり、みなし配当は従来どおり益金不算入規定の適用を受ける。

　次の算式で計算される金額について、資本金等の額を減算する（法令8条1項22号）。要するに、改正前の株式の譲渡損益に相当する金額である。

　　｛みなし配当の額＋譲渡対価の額（＝譲渡原価の額）｝－交付金銭等の額

　「減算」であるため、計算結果がマイナスであるときは、結果としては（マイナスを減算＝）加算することになる。要するに、改正前の譲渡損に相当する額は資本金等の額の減少となり、改正前の譲渡益に相当する額は資本金等の額の増加となる。

　なお、完全支配関係がある他の内国法人から、みなし配当事由（法法24条1項各号に掲げる事由）に基づいて金銭等の交付を受ける場合に、この規定の適用を受けるので、自己株式の取得のケースだけでなく、清算法人から残余財産の分配を受けるケース（残余財産の分配を受けないことが確定した場合を含む）、資本剰余金の減少に伴う剰余金の配当を受けるケースなども同様に取り扱われる。

設 例　**完全支配関係がある法人の株式を発行法人に譲渡する場合**

　以下の前提条件のもとで、発行法人の発行した株式を完全支配関係がある発行法人に譲渡した株主法人の会計処理、税務処理および申告調整を示しなさい。

前提条件

交付金銭等	900万円
みなし配当	250万円
株式の譲渡原価（帳簿価額）	800万円

　なお、交付金銭等900万円からみなし配当（受取配当金）の額250万円を控除した差額650万円が株式の譲渡対価の額となる。

・・

[解 答]

1. 会計処理

現預金	900	株式	800
		譲渡益（または雑益）	100

2. 税務処理

現預金	900	株式	800
資本金等の額	150	受取配当金	250

　平成22年度税制改正前は、上記の借方は「資本金等の額150万円」ではなく、「株式譲渡損150万円」であった。完全支配関係があるときは、株式の譲渡損益が不計上となり（法法61条の2第17項）、当該金額について資本金等の額を加減算することになる。規定上は、次の算式により計算した金額が、資本金等の額を減算すべき金額である（法令8条1項22号）。要するに、改正前の株式の譲渡損に相当する金額である。

$$\{みなし配当の額 + 譲渡対価の額(=譲渡原価の額)\} - 交付金銭等の額$$

$$\{\ 250\quad +\quad 800\ \}\quad -\quad 900\ =\ 150$$

（参考）完全支配関係がなかった場合の税務上の仕訳

現預金	900	株式	800
株式譲渡損	150	受取配当金	250

　完全支配関係がない場合は、従来どおり株式譲渡損150万円が計上され、損金の額に算入される。

　本件の場合、次のように申告調整を行うことが考えられる。

別表四　所得の金額の計算に関する明細書

区　　分	総　　額	処　　分	
		留　保	社外流出
	①	②	③
当期利益または当期欠損の額			配当
			その他
加算　受取配当金計上もれ	1,500,000	1,500,000	
減算　受取配当等の益金不算入額	2,500,000		2,500,000

別表五（一）　利益積立金額および資本金等の額の計算に関する明細書

Ⅰ　利益積立金額の計算に関する明細書				
区　　分	期首現在利益積立金額	当期の増減		差引翌期首現在利益積立金額 ①－②＋③
		減	増	
	①	②	③	④
利益準備金				
積立金				
資本金等の額			1,500,000	1,500,000

Ⅱ　資本金等の額の計算に関する明細書				
区　　分	期首現在資本金等の額	当期の増減		差引翌期首現在資本金等の額
		減	増	
資本金または出資金				
資本準備金				
利益積立金額			△1,500,000	△1,500,000

　会計上100万円の収益を計上しているため、「利益積立金額の計算に関する明細書」の繰越損益金の欄が100万円増加している[30]。150万円の増加が入ることで、トータルで250万円の増加になる。みなし配当の額250万円に

ついて、株主側では税務上利益積立金額の増加を認識するため、正しい数字である。

「受取配当金計上もれ150万円」の加算（留保）に対応して、別表5（1）の「利益積立金額の計算に関する明細書」に利益積立金額の150万円増加が入る。また、資本金等の額を150万円減算する必要があるため、別表5（1）の「資本金等の額の計算に関する明細書」に150万円減少が入る。

「利益積立金額の計算に関する明細書」と「資本金等の額の計算に関する明細書」との間で、プラス・マイナス150万円の振替調整が入り、翌事業年度以降に繰り越される形になっているが、このプラス・マイナスの調整は以後において解消されないと考えられる。なぜならば、会計上は全体が損益取引であるととらえているのに対して、税務上は一部（150万円）について資本等取引（資本金等の額の減少）としてとらえたため、資本と利益の区分が会計と税務でずれたことによるものであり、解消する機会がないと考えられるからである。

なお、別表4の減算欄の「受取配当等の益金不算入額　250万円」であるが、みなし配当については、当該みなし配当の金額の支払に係る効力発生日の前日において当該内国法人（みなし配当を受ける株主法人）と当該他の内国法人（発行法人）との間に完全支配関係があったときは、当該他の内国法人の株式は完全子法人株式等に該当すると規定されているので（法令22条の2第1項）、その場合は受取配当等の益金不算入の規定の適用上負債利子を控除する必要はない（法法23条1項、4項）。受取配当金は全額益金不算入となるので、別表4において250万円の減算（社外流出）の調整を入れている。

・・・・・・・・・・・・・・・・・・・・・・・・・・・・・・・・・・・・・

30　「利益積立金額の計算に関する明細書」の繰越損益金の額は、会計上の繰越利益剰余金の額と一致させるのが基本である。

第5章

自己株式の
取得と現物分配

Ⅰ 法務の取扱い

1. 自己株式の取得と現物分配との関係

　自己株式の取得が、実務上税務上の「現物分配」により行われることが少なくない。子会社が所有する親会社株式を親会社に対して現物配当するケースと親会社が自己株式を取得するときに金銭ではなく金銭以外の資産（現物資産）を対価として交付するケースがみられ、いずれも税務上の現物分配に該当する。

　本項では法務面を中心に解説するが、会計・税務面については、本章の「Ⅱ　会計処理」および「Ⅲ　税務処理」で解説する。

(1) 現物分配とは

　「現物分配」とは、あくまでも税務上の用語であって、一般的な「現物配当」よりも広い範囲になる。税務上の定義は、次のとおりである。

　現物分配とは、法人（公益法人等および人格のない社団等を除く）がその株主等に対して当該法人の次に掲げる事由により金銭以外の資産の交付をすることをいう（法法２条12号の５の２）。

① 剰余金の配当 （株式または出資に係るものに限るものとし、分割型分割によるものを除く）もしくは利益の配当（分割型分割によるものを除く）または剰余金の分配（出資に係るものに限る） （法人税法23条１項）	
② 解散による残余財産の分配	
③ みなし配当事由 （法人税法24条１項５号から７号までに掲げる事由）	（ⅰ）自己株式の取得（または自己の出資の取得） （ⅱ）出資の消却（取得した出資について行うものを除く）、出資の払戻し、社員その他法人の出資者の退社または脱退による持分の払戻し等 （ⅲ）組織変更（組織変更に際して組織変更をした法人の株式または出資以外の資産を交付したものに限る）

　要するに、①剰余金の配当を金銭以外の資産の交付により行う、または②解散による残余財産の分配もしくは③自己株式の取得などのみなし配当事由により金銭以外の資産（＝現物資産）の交付をすることを「現物分配」と定義している。③については、（ⅰ）がメインであり、（ⅱ）および（ⅲ）は実務上少ないケースかと思われる。

　なお、①の剰余金の配当には、利益剰余金の減少に伴う剰余金の配当と資本剰余金の減少に伴う剰余金の配当が両方含まれる。

　以上から明らかなとおり、「現物分配」とは、税務上独自の定義が置かれているわけであり、一般用語として「現物分配」という用語があるわけではない。

(2)　自己株式の取得と現物分配との関係

　自己株式の取得と税務上の「現物分配」との関係であるが、現物分配は剰余金の配当またはみなし配当事由に基づいて、株主等に対して金銭以外の資産（現物資産）を交付することである。発行法人が株主から自己株式の取得（＝みなし配当事由）を行い、その対価として金銭ではなく現物資産を交付するときに、税務上の現物分配に該当する。その場合は、現物分配法人は現物資産を時価により譲渡したものとして処理し、被現物分配法人はその時価相当額で現物資産を受け入れる。

　また、現物分配法人と被現物分配法人が、①現物分配の直前において完全支配関係がある内国法人間の関係であり、②株主が、完全支配関係がある内国法人のみであるときは、「適格現物分配」として取り扱われる。その場合は、現物分配法人は帳簿価額により譲渡したものとして処理し、被現物分配法人はその帳簿価額により現物資産を受け入れることになる。

　また、子会社が親会社株式を保有しているときに、その親会社株式を剰余金の配当により親会社に交付する場合も現物配当に該当するが、親子会社間に完全支配関係があり、上記の適格現物分配に該当するときは、親会社株式を帳簿価額により譲渡したものとして処理することになる。

　適格現物分配は、株主との合意による取得（会社法156条１項の決議が

あった場合）の場合が多いものと想定されるが、その手続については以下
の項で解説する。

(3) 株主との合意による取得

① 株主総会の決議

市場取引・公開買付け以外の自己株式の取得手続は、次の内容の手続が
原則的な手続となる。

会社が株主との合意により自己株式を有償で取得するには、あらかじ
め、株主総会の決議によって、次に掲げる事項を定めなければならない
（会社法156条１項）。

株主総会の決議事項

> ① 取得する株式の数（種類株式発行会社の場合は、株式の種類および種
> 類ごとの数）
> ② 株式を取得するのと引換えに交付する金銭等（当該会社の株式を除く）
> の内容およびその総額
> ③ 株式を取得することができる期間（１年を超えることはできない）

株主総会は定時株主総会でも臨時株主総会でも構わない。したがって、
臨時株主総会により機動的に対応することもできる。また、決議事項のな
かに対価として交付する「交付する金銭等の内容およびその総額」とある
ので、金銭以外の財産を交付することを決議することもできることを意味
している。剰余金の配当の取扱い（会社法454条）との平仄を合わせてい
るものと考えられる。②の事項について、金銭以外の資産の内容と総額を
定めた上で、金銭以外の財産を株主に交付した場合は、税務上の現物分配
に該当する。

② 取締役会の決議

会社は、①の決定に従い株式を取得しようとするときは、その都度、次
に掲げる事項を定めなければならない（会社法157条１項）。取締役会設置
会社においては取締役会が決定し（同条２項）、それ以外の会社において
は株主総会決議を要する[31]。株式の取得の条件は、均等に定めなければな

らない（同条3項）。

取締役会（または株主総会）の決議事項

① 取得する株式の数（種類株式発行会社の場合は、株式の種類および数）
② 株式1株を取得するのと引換えに交付する金銭等の内容および数もしくは額またはこれらの算定方法
③ 株式を取得するのと引換えに交付する金銭等の総額
④ 株式の譲渡しの申込みの期日

　①の株主総会決議の決定を受けて、実際に取得しようとするときは、取締役会が具体的な内容を決定する必要がある。「株式1株を取得するのと引換えに交付する金銭等の内容および数もしくは額またはこれらの算定方法」とあるが、一般的に想定される金銭の交付の場合は、1株当たり○○○円と1株当たり取得価額を定めればよい。現物資産の交付による場合は、具体的な財産の内容および数もしくは額またはこれらの算定方法を定める。現物資産が株式であれば、その銘柄と株式数を定めることが考えられる。

③　株主に対する通知

　会社は、株主に対し、②に掲げる事項（取締役会または株主総会が決定した事項）を通知しなければならない（会社法158条1項）。公開会社においては、通知に代えて、公告によることができる（同条2項）。

④　譲渡しの申込み

　③の通知を受けた株主は、その有する株式の譲渡しの申込みをしようとするときは、株式会社に対し、その申込みに係る株式の数（種類株式発行会社の場合は、株式の種類および数）を明らかにしなければならない（会社法159条1項）。会社は、申込期日（株式の譲渡しの申込みの期日）において、株主が申込みをした株式の譲受けを承諾したものとみなす。株主は、申込みをするかどうかを判断し、申込みをする場合は、その株式の数

31　取締役会非設置会社の場合に、取締役の過半数をもって決定するのか、株主総会決議を要するのかについて規定上明確ではないが、1株当たり取得価額等の決定の重要性に鑑み、株主総会決議を要する（通常は会社法156条の総会決議と同時に決定する）と解する見解が有力である（江頭憲治郎「株式会社法（第7版）」（有斐閣）P257）。

を明らかにする。1株当たり取得価額も知らされたうえで判断できるため、株主は的確に判断することができる。

　ただし、申込総数が株主総会で決議した「取得する株式の数」（取得総数）を超えるときは、取得総数を申込総数で除して得た数に、各株主が申込みをした株式の数を乗じて得た数（1株に満たない端数が生じる場合は、切り捨てる）の株式の譲受けを承諾したものとみなす（同条2項）。すなわち、申込総数が取得総数を超える場合は、各株主が申込みをした株式の数に応じて按分する。株主平等原則に配慮した取扱いが定められている。

　ミニ公開買付けといえる内容であるが、市場取引・公開買付け以外の方法による取得であるから、主に非公開会社が活用することが考えられる。また、次項で解説するように、相対取引による特定の株主からの取得に相当する手続も、別途定められている。税務上の適格現物分配は、この相対取引による特定の株主からの取得として行われるケースがほとんどであると想定される。

ミニ公開買付けの手続

```
┌─────────────────────────────────────────────┐
│ ①株主総会の決議                              │
│ 決定事項                                      │
│   取得株数、交付する金銭等の内容および総額（金銭の場合は、金銭を総 │
│   額いくらと定める。現物資産の場合は、その内容と数もしくは額）、取得 │
│   することができる期間（1年以内で設定）      │
│       ↓                                      │
│ ②取締役会決議                                │
│ 決定事項                                      │
│   取得株数、1株当たり取得価額、取得価額の総額、申込期日 │
│       ↓                                      │
│ ③株主に対する通知                            │
│   ②の決定事項を通知（公開会社は公告可）      │
│       ↓                                      │
│ ④株主の申込み                                │
│   株主は③の通知を受けて、その内容を踏まえて申し込むかどうかを判断 │
│   する。                                      │
│   （申し込む場合は、申込期日までに申し込む）  │
└─────────────────────────────────────────────┘
```

(4) 特定の株主からの取得

① 特定の株主からの取得手続

　先のミニ公開買付けの手続とは別に、特定の株主を対象とした自己株式の取得も可能であるが、次の手続に従う。

　会社は、株主からの自己株式の取得を決議した場合、決議した事項を株主に対して通知しなければならないとされているが、株主総会の決議に併せて、その株主総会の決議によって、その通知を特定の株主に対して行う旨を定めることができる（会社法160条１項）。この決議は、特別決議による必要がある（会社法309条２項２号括弧書き）。

　会社は、そのような決定をしようとするときは、法務省令で定める時までに、株主に対し、（株主が）次の請求をすることができる旨を通知しなければならない（同条２項）。すなわち、株主は、特定の株主に自己をも加えたものを上記の株主総会の議案とすることを、法務省令で定める時までに、請求することができる（同条３項）。いわゆる「売主追加請求権」と呼ばれる権利であり、特定の株主から取得しようとする場合であっても、他の株主は自己をも売主に追加するように議案修正を請求できる強い権利である。株主平等原則に配慮した取扱いである。

　特定の株主は、その株主総会において議決権を行使することができない。ただし、特定の株主以外の株主の全部がその株主総会において議決権を行使することができない場合は、この限りではない。株主の数が少数の会社の場合、特定の株主以外の株主の全員が、売主として追加されるケースが考えられる。この場合は、株主の全員が議決権を行使することができることとなる。

　会社は、１株当たり取得価額も含めた決定事項を特定の株主および売主に加わる株主に対し、通知する必要がある（同条５項）。

② 子会社からの自己株式の取得

　会社がその子会社の有する当該会社の株式を自己株式として取得する場合は、取締役会設置会社にあっては取締役会が会社法156条１項の事項を

決定できるが、取締役会非設置会社にあっては株主総会が決定する（会社法163条）。

　取締役会の決議によるが、その後の取得に係る具体的な内容（取得株数・取得価格等）については、取締役会決議を要せず、自己株式の取得に係る業務執行者（代表取締役）が決定することで足りる。

　また、他の株主に売主追加請求権は認められず、子会社からのみピンポイントで取得することができる。

　適格現物分配の規定が設けられたことにより、子会社が保有する親会社株式を剰余金の配当により親会社に交付するケースが増加している。

　第1に、親会社における自己株式の取得として行われる場合は、子会社に対して取得の対価を現物資産により交付する場合に現物分配に該当する。この場合は、親会社における剰余金の分配可能額の範囲内で行われる必要がある点に留意が必要である。

　第2に、子会社の現物配当として行われる場合には、子会社は配当するだけであり、対価の交付を受けることは当然にない。この場合は、子会社における剰余金の分配可能額の範囲内で行われる必要がある点に留意する必要がある。

Ⅱ　会計処理

　現物分配は、課税関係が生じない税務上の適格現物分配に該当する案件が多い。本項では、親子会社間の現物分配を中心に取り上げる。

1. 自己株式の取得を子会社からの剰余金の配当（現物配当）により行う場合

　子会社が保有する親会社株式は、一部の例外を除いて、相当の時期に処分しなければならないとされている（会社法135条3項）。

　子会社が保有する親会社株式を剰余金の配当（現物配当）により親会社に交付する方法が有効である。ただし、子会社の剰余金の分配可能額の範囲内で行う必要がある点に留意する必要がある[32]。

　なお、税務上の取扱いは「Ⅲ　税務処理」で解説するが、親子会社間の関係が完全支配関係にあり、現物分配を受ける株主法人が内国法人のみである場合は、税務上の適格現物分配の要件を満たすことが考えられ、税務上、親会社株式を帳簿価額により親会社に譲渡したものとして取り扱われ、課税関係なしに対応できる。

　以下、剰余金の配当を金銭以外の資産の交付で行う取引で、かつ、親子会社間で現物分配が行われるケースの会計処理を解説する。

(1) 子会社の会計処理

　企業集団内の企業へ配当する場合には、配当の効力発生日における配当財産の適正な帳簿価額をもって、その他資本剰余金またはその他利益剰余金（繰越利益剰余金）を減額する（自己株式等適用指針10項(3)）。減額するその他資本剰余金またはその他利益剰余金（繰越利益剰余金）については、取締役会等の会社の意思決定機関で定められた結果に従う。

　以下の仕訳のように、現物資産の帳簿価額相当額について剰余金を減少する処理であるため、損益は認識されない。

その他利益剰余金	×××　／	資産	×××
（またはその他資本剰余金）		（帳簿価額）	

　税務上も、完全支配関係がある法人間の場合は、適格現物分配として取

32　交付する親会社株式の帳簿価額が、剰余金の分配可能額を超えてはいけない。

り扱われるため、帳簿価額により被現物分配法人に譲渡されたものとして
処理するので、所得に影響が生ぜず、申告調整は不要である。

(2) 親会社の会計処理

　自己の株式による現物配当を受けた親会社は、自己の株式を移転前の適
正な帳簿価額により計上するとともに、これまで保有していた子会社株式
が実質的に引き換えられたものとみなされる。子会社から現物配当を受け
ることから、これまで保有していた子会社株式が実質的に引き換えられた
ものとみなして処理するという意味であり、子会社株式の部分譲渡があっ
たものとみなして処理を行うことになる[33]。

　この場合、実質的に引き換えられたものとみなされる額は、分配を受け
る直前のその株式の適正な帳簿価額を合理的な方法により按分して計算す
る（「事業分離等に関する会計基準」52項、35項、「企業結合会計基準及び
事業分離等会計基準に関する適用指針」（以下、「企業結合・事業分離等適
用指針」という）297項、268項、244項）。

　なお、合理的な按分の方法としては、関連する時価の比率、時価総額の
比率、関連する帳簿価額の比率などによることが考えられる（企業結合・
事業分離等適用指針295項）。

　　　自己株式　　／　子会社株式
　　　　　　　　　／　交換差益
　　　　　　　　　　　（または交換差損）

設例　自己の株式の現物配当を受けた親会社の会計処理

前提条件

　子会社S社が帳簿価額2,000,000円の親会社株式を、親会社に対して現
物配当した。

33　現物配当を受けた株主側の会計処理としては、必ずしも分配側の原資によって決定される
　わけではなく、原則として、交換等の一般的な会計処理に準じて、保有していた株式の実質
　的な引換えとして会計処理を行うことが適切と考えられるとされている（事業分離等会計基
　準143項）。

　子会社の株主資本の帳簿価額は12,500,000円である。また、親会社における子会社株式の帳簿価額は10,000,000円である。

　このとき、親会社において、これまで保有していた子会社株式が実質的に引き換えられたものとみなして処理するものとし、合理的な按分方法として関連する帳簿価額の比率によるものとした場合の会計処理を示しなさい。

解　答

　合理的な按分方法として関連する帳簿価額の比率によるものとすると、親会社の会計処理は次のようになる。

自己株式	2,000,000[※1]	子会社株式	1,600,000[※2]
		交換差益	400,000[※3]

※1　子会社における移転前の適正な帳簿価額2,000,000円
※2　子会社株式（S社株式）の帳簿価額10,000,000円×2,000,000円／12,500,000円＝1,600,000円
※3　2,000,000円－1,600,000円＝400,000円

2. 自己株式の取得の対価として現物資産の交付をした場合

　自己株式の取得を行うときに、その対価として金銭以外の資産（＝現物資産）を株主に交付する場合、現物資産を企業集団内の企業に交付する場合は特例処理によるため、まず企業集団内の企業以外の企業に交付する場合について解説し、その後に特例的な企業集団内の企業に交付する場合について解説する。

(1) 企業集団内の企業以外の企業に交付する場合

　自己株式の取得の対価が金銭以外の財産となる場合の取引は、自己株式の取得（株主資本の減少）と現物資産の減少（資産の減少）であり、現物配当も同様の経済効果を有する。自己株式等適用指針では、両者の会計処

理の整合性を図るように取扱いが示されている。

自己株式	×××	資産	×××
（時価相当額）		（簿価相当額）	
		譲渡益	

（注）　みなし配当に係る源泉所得税は捨象している。発生している場合は、別
　　　途現金で徴収する必要がある。

　自己株式を時価相当額で受入処理するが、交付した財産の時価と取得した自己株式の時価のうち、より高い信頼性をもって測定可能な時価を用いる。

　自己株式に市場価格がある場合には、一般的に当該価格を用いて自己株式の取得原価を算定することになる。また、取得の対価となる財および取得した自己株式に市場価格がないこと等により公正な評価額を合理的に算定することが困難と認められる場合には、移転された資産および負債の適正な帳簿価額により自己株式の取得原価を算定する。

　取得の対価となる財または取得した自己株式が市場価格のある株式の場合、原則として、時価は当該取引の合意日の時価により算定する。ただし、当該時価と株式の受渡日の時価が大きく異ならない場合には、受渡日の時価によることができる。なお、当該時価と株式の受渡日の時価が大きく異ならない場合とは、その価格の差異から生ずる取得原価の差額が、財務諸表に重要な影響を与えないと認められる場合をいう。

　自己株式の取得原価と取得の対価となる財の帳簿価額との差額は、譲渡損益として、取得の対価となる財の種類等に応じた表示区分の損益に計上する（自己株式等適用指針9項）。例えば、取得の対価となる財が固定資産であるときは、原則として特別損益区分に計上することが考えられる。

(2) 企業集団内の企業に交付する場合

　企業集団内の企業（同一の企業（または個人）により最終的に支配され（取引当事者が最終的な支配企業である場合を含む）、かつ、その支配が一時的でない企業）から、金銭以外の財産を対価として自己株式を取得する

場合、当該自己株式の取得原価は、移転された資産および負債の適正な帳簿価額により算定する（自己株式等適用指針7項）。

　企業集団内の企業から自己株式を取得し、その対価として現物資産を交付する場合は、自己株式の取得原価は、移転資産の帳簿価額による。したがって、損益は計上されない。企業集団内の企業に現物配当する場合の会計処理と整合性が確保されている。

自己株式	ＸＸＸ		資産	ＸＸＸ
（簿価相当額）			（簿価相当額）	

（注）　みなし配当に係る源泉所得税は捨象している。発生している場合は、別
　　　途現金で徴収する必要がある。

Ⅲ　税務処理

1. 税務上の現物分配の定義

　税務上の「現物分配」は、法人（公益法人等および人格のない社団等を除く）がその株主等に対して当該法人の次に掲げる事由により金銭以外の資産の交付をすることをいう（法法2条12号の6）。

①　剰余金の配当 （株式または出資に係るものに限るものとし、分割型分割によるものを除く） もしくは利益の配当（分割型分割によるものを除く）または剰余金の分配（出資に係るものに限る） （法人税法23条1項）	
②　解散による残余財産の分配	
③　みなし配当事由 （法人税法24条1項5号から7号までに掲げる事由）	（ⅰ）自己株式の取得（または自己の出資の取得） （ⅱ）出資の消却（取得した出資について行うものを除く）、出資の払戻し、社員その他法人の出資者の退社または脱退による持分の払戻し等 （ⅲ）組織変更（組織変更に際して組織変更をした法人の株式または出資以外の資産を交付したものに限る）

　税務上、①剰余金の配当を金銭以外の資産の交付により行う、または②解散による残余財産の分配もしくは③自己株式の取得などのみなし配当事由により金銭以外の資産（＝現物資産）の交付をすることを「現物分配」と定義している。③については、（ⅰ）がメインであり、（ⅱ）および（ⅲ）は実務上少ないケースかと思われる。

　なお、①の剰余金の配当には、利益剰余金の減少に伴う剰余金の配当と資本剰余金の減少に伴う剰余金の配当が両方含まれる。

　以上から明らかなとおり、「現物分配」とは、税務上独自の定義が置かれているわけであり、一般用語として「現物分配」という用語があるわけではない。

2. 現物分配の基本的な税務処理

　税務上、現物分配を行った場合、原則として、現物分配法人においては、分配を行った現物資産を時価により譲渡したものとして処理する。時価と帳簿価額との差額について譲渡益または譲渡損を認識し、譲渡益は益金の額に算入し、譲渡損は損金の額に算入する。その場合、被現物分配法人においては、その時価相当額で受け入れる。

　一方、その現物分配が、一定の適格要件を満たした「適格現物分配」に該当する場合は、現物分配法人においては、分配を行った現物資産を帳簿価額により譲渡したものとして処理する（法法62条の5第3項）。したがって、譲渡損益は計上されない。その場合、被現物分配法人においては、その帳簿価額で当該資産を受け入れる（法令123条の6第1項）。

　自己株式の取得を現物分配により行う場合、課税関係が生じない適格現物分配により行うケースが多い。適格現物分配の詳しい処理については、次項以降で詳説する。

3. 適格現物分配の適格要件

　適格現物分配とは、内国法人を現物分配法人とする現物分配のうち、そ

の現物分配により資産の移転を受ける者がその現物分配の直前において当該内国法人との間に完全支配関係がある内国法人（普通法人または協同組合等に限る）のみであるものをいう（法法2条12号の15）。上記の規定から、現物分配を受ける株主の中に個人株主や外国法人が1名または1社でも存在するときは、全体が適格現物分配に該当しないことになる点に留意する必要がある。

　また、適格要件を満たすかどうかは、「現物分配の直前において現物分配法人との間に完全支配関係がある法人のみである」のかどうかで判定されるため、適格合併や適格分割のように、再編後において完全支配関係または支配関係の継続が見込まれることという要件は付されていない点にも留意が必要である。したがって、完全支配関係がある法人間における残余財産の現物分配のように、現物分配後において清算結了により現物分配法人が消滅することが予定されている（＝完全支配関係が解消することが見込まれている）場合にも、適格性には影響がない。自己株式の取得の場合も、自己株式の取得の後において、完全支配関係または支配関係の継続が見込まれているかどうかは、適格性に影響がない。

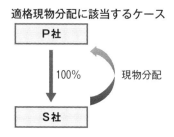

適格現物分配に該当するケース

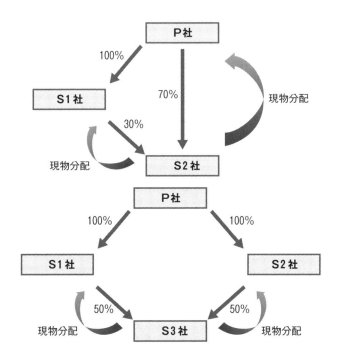

　なお、完全支配関係がある内国法人間で、（かつ株主は完全支配関係がある内国法人のみである場合に）、金銭による配当と現物資産の配当が併せて行われたときは、現物資産の配当の部分について適格現物分配として帳簿価額により譲渡が行われたものとして処理される。

4.（適格現物分配以外の）現物分配の会計・税務

　（利益剰余金を原資とした）剰余金の配当、および資本剰余金の減少に伴う剰余金の配当を現物資産の交付で行う取引は、会社法上の現物配当に該当する。現物配当に係る会計処理は、自己株式等適用指針に基づき、配当の効力発生日における配当財産の時価と適正な帳簿価額との差額を、配当の効力発生日の属する期の損益として、配当財産の種類等に応じた表示区分に計上し、配当財産の時価をもって、その他資本剰余金またはその他利益剰余金（繰越利益剰余金）を減額する。

　会計上は、完全支配関係がなくても、企業集団内の企業に配当した場合
は、帳簿価額により移転し、損益は認識しない。したがって、会計上は実
質支配力基準により子会社と判定される会社との間で現物分配が行われた
場合は損益を認識しないが、税務上は完全支配関係に該当しない限り、時
価で譲渡があったものとして処理するため、その場合は申告調整が必要に
なると考えられる。

　なお、減額するその他資本剰余金またはその他利益剰余金（繰越利益剰
余金）については、取締役会等の会社の意思決定機関で定められた結果に
従う。いずれの剰余金を配当原資とするかについて、会社法上の制約はな
く、会社の意思決定機関で定めることになるが、それによって会計処理お
よび税務処理は異なることになる。

その他利益剰余金	ＸＸＸ	資産	ＸＸＸ
（またはその他資本剰余金）		（簿価相当額）	
（時価相当額）		譲渡益	ＸＸＸ

（注）　上記仕訳は、現物資産の時価相当額が簿価相当額を上回る場合を想定し
　　　ている。逆に、時価相当額が簿価相当額を下回るときは、譲渡損が認識さ
　　　れる（以下、同様）。

　税務上、完全支配関係がない場合、金銭以外の資産が剰余金の配当によ
り交付されたときは、その資産の時価により交付されたものとして時価相
当額と帳簿価額との差額が譲渡損益として認識される（法法23条１項、法
令９条１項８号、法法24条１項）[34]。一方、資本剰余金の減少に伴う剰余
金の配当の場合は、みなし配当が資産の時価相当額に基づいて計算され
る[35]。

34　法人税法23条１項に対応する法人税法施行令９条１項８号および法人税法24条１項におい
　て、「金銭の額および金銭以外の資産の価額」と規定されているように、現物資産の場合は金
　銭以外の資産の価額（＝時価相当額）に基づいて処理する。
35　現物配当に係る資産の時価相当額が資本金等の額に対応する金額を超えるときに、その超
　過額がみなし配当として取り扱われる。

①　利益剰余金の配当の場合

利益積立金額	ＸＸＸ	資産	ＸＸＸ
（時価相当額）		（簿価相当額）	
		譲渡益	ＸＸＸ

②　資本剰余金の配当の場合

資本金等の額	ＸＸＸ	資産	ＸＸＸ
利益積立金額	ＸＸＸ	（簿価相当額）	
（時価相当額）		譲渡益	ＸＸＸ

　結果として、会計上、企業集団内の企業以外の企業との間で行われた現物分配に該当する場合は、そこで計上された譲渡損益が税務上もそのまま認識される。

5. 適格現物分配の税務処理

　適格現物分配により、現物分配法人から被現物分配法人に対して現物資産が移転する場合、現物分配法人は帳簿価額により資産を譲渡したものとして処理する（法法62条の 5 第 3 項）。したがって、譲渡損益は計上されない。現物分配は、合併、分割等の他の組織再編行為と異なり、譲渡法人側に課税の繰延ベポジションが残らない取引、いわば手仕舞い型の取引であるため[36]、含み損益に係る繰延処理等の申告調整等は不要である。

　一方、被現物分配法人においては、その現物分配法人における現物分配直前の帳簿価額で当該資産を受け入れる（法令123条の 6 第 1 項）。みなし配当事由に基づき現物資産の交付を受けた場合を除いて、利益剰余金を原資とした現物分配（会社法上は、現物配当）を受けることになるため、利益積立金額の増加を認識する（法令 9 条 1 項 4 号）。この場合、収益計上した場合であっても、益金の額に算入されない。受取配当等の益金不算入の規定（法法23条 1 項）の適用を受けず、適格現物分配に係る益金不算入

36　財務省主税局「平成22年度税制改正について」、P 211。

規定（法法62条の5第4項）の適用を受けることにより、全額益金不算入
となる。したがって、別表8(1)の記載は不要である。

　適格現物分配の会計と税務を関連づけて、申告調整方法も含めて解説す
る。適格現物分配に該当する場合は、現物分配の直前において完全支配関
係がある内国法人間の関係であるため、会計上も同一の企業集団内の法人
間の関係に該当する。現物資産を帳簿価額により移転するという点におい
て共通するが、具体的な処理は会計と税務を分けて整理し、申告調整を行
う必要がある。

(1)　現物分配法人の税務処理

　内国法人が適格現物分配により被現物分配法人にその有する資産を移転
したときは、その被現物分配法人に移転をした資産のその適格現物分配直
前の帳簿価額により譲渡をしたものとして、その内国法人の各事業年度の
所得の金額を計算するものと規定されている（法法62条の5第3項）。し
たがって、現物分配法人においては、被現物分配法人に移転した資産の譲
渡損益が計上されないことになる。譲渡損益の繰延ではなく、永久に計上
されないことになる。

①　剰余金の配当により親会社に親会社株式を交付する場合（子会社の立
　場）

　剰余金の配当もしくは利益の配当または剰余金の分配により、親会社に
対して親会社株式を交付する適格現物分配を行った場合の現物分配法人に
おいては、交付した資産（親会社株式）の交付直前の帳簿価額に相当する
金額の利益積立金額を減算する（法令9条1項8号）。ここでいう剰余金
の配当は、利益剰余金を原資とした剰余金の配当であり、税務上は利益積
立金額の減少として取り扱う。

　利益積立金額　　ＸＸＸ　　／　　親会社株式　　ＸＸＸ
　　　　　　　　　　　　　　　　　　（帳簿価額）

② みなし配当事由に基づく現物分配の場合（自己株式を取得するときに対価として現物資産を交付する場合＝親会社の立場）

みなし配当事由に基づいて、適格現物分配を行った現物分配法人においては、一定の算式によって計算した資本金等の額を減算し、交付した資産の交付直前の帳簿価額からその減少する資本金等の額を減算した金額について利益積立金額を減算する。

みなし配当事由のうちの自己株式の取得の場合、すなわち自己株式を取得するときに取得の対価として現物資産を交付するときは、次のように計算する（法令8条1項20号、9条1項14号）。

資本金等の額	ＸＸＸ	現物資産	ＸＸＸ
利益積立金額	ＸＸＸ	（帳簿価額）	
（みなし配当）			

現物分配法人（親会社）の処理

（ⅰ）資本金等の額の減少額の計算（減少する資本金等の額）

$$資本金等の額の減少額 = \frac{取得直前の資本金等の額}{取得直前の発行済株式総数} \times 取得した自己株式の数$$

（注1）直前の資本金等の額がゼロ以下である場合には、減少する資本金等の額は0とする。
（注2）上記算式により計算した金額が交付した資産のその交付の直前の帳簿価額を超える場合には、その超える部分の金額を減算した金額を資本金等の額の減少額とする。

（ⅱ）利益積立金額の減少額の計算

利益積立金額の減少額 ＝ 交付した現物資産の交付直前の帳簿価額からその減少する資本金等の額を減算した金額

| 資本金等の額 | ＸＸＸ | 現物資産 | ＸＸＸ |
| 利益積立金額 | ＸＸＸ | （帳簿価額） | |

(2) 被現物分配法人の税務処理

① 移転を受けた現物資産の取得価額の取扱い

適格現物分配により移転を受けた資産の被現物分配法人の取得価額は、現物分配法人における適格現物分配の直前の帳簿価額に相当する金額である（法令123条の6第1項）。また、適格現物分配により移転を受けた資産

が、被現物分配法人の自己株式であるときは、その現物分配法人における適格現物分配直前の帳簿価額に相当する金額について、被現物分配法人において資本金等の額を減少させる（法令8条1項21号ロ）。

② 剰余金の配当による適格現物分配の場合（子会社の剰余金の配当により自己株式を取得する場合＝親会社の立場）

被現物分配法人である親会社は、その交付を受けた自己株式の交付直前の帳簿価額に相当する金額を利益積立金額に加算する（法令9条1項4号）。同額について資本金等の額を減少させる（法令8条1項21号ロ）。なお、ここでいう剰余金の配当は、利益剰余金を原資とした剰余金の配当であり、被現物分配法人である親会社においては、利益積立金額の加算として取り扱う。

　　資本金等の額　　ＸＸＸ　　／　　利益積立金額　　ＸＸＸ

③ みなし配当事由に基づく適格現物分配の場合（親会社株式を交付するときの対価として現物資産の交付を受ける場合＝子会社の立場）

その交付を受けた現物資産の交付直前の帳簿価額に相当する金額から、その適格現物分配に係る現物分配法人の資本金等の額のうちその交付の基因となったその現物分配法人の株式または出資に対応する金額[37]（法法24条1項、法令23条1項3号、4号）を除いた金額を利益積立金額に加算する（法令9条1項4号）。みなし配当の額について利益積立金額を加算するという意味であるが、被現物分配法人（子会社）の側でこの計算を行うことはできないため、実務上は交付を受けた支払通知書に記載された配当（みなし配当）の額について利益積立金額を加算することになる。

また、完全支配関係がある親会社から、みなし配当事由により、現物資産の交付を受けているため、株式の譲渡損益は計上されず（法法61条の2第17項）、譲渡損益に相当する額について資本金等の額を加減算する（法令8条1項22号）。

37　現物分配法人における減少する資本金等の額。取得資本金額という。

現物資産	×××	親会社株式	×××
資本金等の額	×××	利益積立金額	×××
		（みなし配当）	

被現物分配法人（子会社）の処理

（ⅰ）株式の譲渡原価＝$\dfrac{\text{直前の1株当たり帳簿価額}}{\text{（親会社株式の1株当たり簿価）}}$×譲渡株式数

（ⅱ）資本金等の額の減算すべき額＝

$$\left\{\text{みなし配当の額}+\begin{array}{c}\text{譲渡対価の額と}\\\text{みなされる額}\\\text{（＝株式の譲渡原価）}\end{array}\right\}-\begin{array}{c}\text{交付金銭等の額}\\\text{（適格現物分配の場合は}\\\text{現物分配法人における}\\\text{現物資産の帳簿価額）}\end{array}$$

（ⅲ）利益積立金額の加算額　＝　交付を受けた現物資産の交付直前の帳簿価額
　　　　　　　　　　　　　　　－　その適格現物分配に係る現物分配法人
　　　　　　　　　　　　　　　　　の資本金等の額のうちその交付の基因
　　　　　　　　　　　　　　　　　となったその現物分配法人の株式また
　　　　　　　　　　　　　　　　　は出資に対応する金額（支払通知書で
　　　　　　　　　　　　　　　　　確認）

現物資産	×××（簿価）	親会社株式	×××←親会社株式の譲渡原価
		利益積立金額	×××←みなし配当
		資本金等の額	×××

または

現物資産	×××（簿価）	現物分配法人株式	×××
資本金等の額	×××	利益積立金額	×××

具体的な計算や仕訳については、後掲の設例を参照されたい。

(3) 消費税の取扱い

　自己株式の取得が、剰余金の配当として行われる場合は、対価性がないため、不課税取引に該当する。一方、自己株式の取得の対価として現物資産の交付が行われる場合は、消費税法上の資産の譲渡等に該当し、課税取引となる。

（4）具体的な設例

以下、具体的な設例により説明する。

設例 **剰余金の配当により自己株式を取得した場合（利益剰余金の場合）**

前提条件

剰余金の配当（利益剰余金の減少に伴う剰余金の配当）に伴い、配当を受ける法人にとって自己株式の取得に該当するケースについてのものである。

親会社株式の現物分配（利益剰余金の配当）
（親会社からみて自己株式の取得）

100%

A社とB社との間には、完全支配関係があり、適格現物分配に該当する。

1．子会社B社が保有するA社株式の帳簿価額は200（1株）とする。

2．親会社A社の所有するB社株式の帳簿価額は、1,000とする。

3．子会社の株主資本の（会計上の）簿価純資産額は、1,600とする。

4．剰余金の原資は、利益剰余金であるものとする。

5．子会社B社における剰余金の分配規制については問題ない。

6．B社の自己株式取得直前の税務上の貸借対照表は、次のとおりとする。

B社の自己株式取得直前の貸借対照表

資産	5,000	負債	3,400
		資本金等の額	1,000
		利益積立金額	600

（注）　税務上の貸借対照表を前提としている。

・・・・・・・・・・・・・・・・・・・・・・・・・・・・・・・・・・・

解　答

1．会計処理

（1）A社の会計処理

　自己の株式による現物配当を受けた親会社は、自己の株式を移転前の適正な帳簿価額により計上するとともに、これまで保有していた子会社株式が実質的に引き換えられたものとみなされる。この場合、実質的に引き換えられたものとみなされる額は、分配を受ける直前のその株式の適正な帳簿価額を合理的な方法により按分して計算する（「事業分離等に関する会計基準」52項、35項、企業結合・事業分離等適用指針297項、268項、244項）。

　なお、合理的な按分の方法としては、関連する時価の比率、時価総額の比率、関連する帳簿価額の比率などによるが（企業結合・事業分離等適用指針295項）、ここでは関連する帳簿価額の比率によるものとする。

自己株式	200[※1]	B社株式	125[※2]
		交換差益	75[※3]

※1　子会社における移転前の適正な帳簿価額200
※2　B社株式の帳簿価額1,000×200／1,600＝125
※3　200－125＝75

　A社は、子会社B社からA社株式の現物配当を受けるが、企業集団内の企業間の配当であるため、自己株式を帳簿価額により受け入れるものと考えられる。その時の相手勘定の貸方については、子会社株式が実質的に引き換えられたものとして取り扱うため、自己株式の帳簿価額と子会社株式の帳簿価額の減少額との差額について交換差益を計上することが考えられる。

（2）B社の会計処理

繰越利益剰余金	200	A社株式（親会社株式）	200

2．税務処理

（1）　A社の税務処理

　利益剰余金を原資とした剰余金の配当を受けているため、次のように利益積立金額の増加を認識する（法令9条1項4号）。税務上の自己株式の取得価額200は、資本金等の額を減算することにより消去する（法令8条1項21号ロ）。

　　自己株式　　　　　200　　　/　　　利益積立金額　　　200

　　資本金等の額　　　200　　　/　　　自己株式　　　　　200

　上記の2つの仕訳をまとめると、次のようになる。

　　資本金等の額　　　200　　　/　　　利益積立金額　　　200

次のように別表調整を行うことになる。

別表四　所得の金額の計算に関する明細書

区　　分	総　額	処　　分	
		留　保	社外流出
	①	②	③
当期利益または当期欠損の額			配当
			その他
加算　受取配当金計上もれ	125	125	
減算　適格現物分配に係る益金不算入額	200		200

別表五（一）　利益積立金額および資本金等の額の計算に関する明細書

Ⅰ　利益積立金額の計算に関する明細書			
区　　分	期首現在利益積立金額	当期の増減	差引翌期首現在利益積立金額①－②＋③
		減 / 増	
	①	② / ③	④
利益準備金			
積立金			
B社株式		125	125

Ⅱ　資本金等の額の計算に関する明細書			
区　分	期首現在資本金等の額	当期の増減		差引翌期首現在資本金等の額
		減	増	
資本金または出資金				
資本準備金				
自己株式			△200	△200

　会計上はB社株式の帳簿価額を125減少させているが、税務上の帳簿価額は変わらない。したがって、その減算過大額について別表5(1)上で利益積立金額の増加を認識する。会計上、交換差益を75計上しているため、「利益積立金額の計算に関する明細書」の繰越損益金の増加欄および期末金額が75増加している。結果として、トータルで利益積立金額は200増加になる。

　また、「資本金等の金額の計算に関する明細書」において会計上の自己株式の帳簿価額200を自己否認する。結果として、資本金等の額は200減少する。

（2）　B社の税務処理

　利益剰余金を原資とした剰余金の配当であるため、利益積立金額の減少を認識する（法令9条1項8号）。

　利益積立金額　　　200　　／　　A社株式（親会社株式）　　200

　会計上、利益剰余金の200の減少を認識しており、「利益積立金額の計算に関する明細書」の繰越損益金の欄の数値が同額減少するため、申告調整は必要ない。

・・・・・・・・・・・・・・・・・・・・・・・・・・・・・・・・・・・・

設 例　自己株式の取得の対価として現物資産の交付をしたときの会計・税務

前提条件

　親会社A社の100％子会社であるB社は、親会社であるA社の株式を保有している。このたび、親会社A社は当該A社株式を自己株式の取得とし

て取得することとなった。取得の対価として、他の有価証券（Ｘ社株式）をＢ社に対して交付することとなった。

Ｘ社株式（対価の交付）　100%　親会社による自己株式の取得

親会社（Ａ社）　子会社（Ｂ社）

　Ａ社とＢ社との間には、完全支配関係があり、適格現物分配に該当する。

1．親会社Ａ社は、発行済株式総数20株のうち１株をＢ社から取得する。

2．親会社Ａ社がＢ社に交付するＸ社株式の帳簿価額は150、時価は300とする。

3．子会社Ｂ社が保有するＡ社株式の帳簿価額は100（１株）とする。

4．親会社Ａ社における剰余金の分配規制については問題ない。

5．Ａ社の自己株式取得直前の税務上の貸借対照表は、次のとおりである。

Ａ社の自己株式取得直前の貸借対照表

資産	3,000	負債	1,400
		資本金等の額	1,000
		利益積立金額	600

（注）　税務上の貸借対照表を前提としている。

● ●

解　答

1．現物分配法人Ａ社の処理

（1）会計処理

　　自己株式　　　　　　150　　／　　Ｘ社株式　　　　　　150

（2）税務処理

　適格現物分配に該当する場合は、みなし配当は現物資産の帳簿価額に基づいて計算する。

$$資本金等の額の減少額 = \frac{会社全体の資本金等の額}{取得直前の発行済株式総数（自己株式を除く）} \times \begin{array}{c}取得した\\自己株式の数\end{array}$$

$$= \frac{1,000}{20株} \times 1 株 = 50$$

利益積立金額の減少額 ＝ 150 － 50 ＝ 100

資本金等の額　　　50　／　X社株式　　　150

利益積立金額　　　100　／

（みなし配当）

なお、適格現物分配により生じたみなし配当については、源泉徴収は不要である（所法24条1項）。

（3）申告調整

税務上は、利益積立金額を100、資本金等の額を50減少させる別表記載が必要である。

別表五（一）　利益積立金額および資本金等の額の計算に関する明細書

区　　分	I　利益積立金額の計算に関する明細書			
	期首現在利益積立金額	当期の増減		差引翌期首現在利益積立金額 ①－②＋③
		減	増	
	①	②	③	④
利益準備金				
積立金				
資本金等の額			△100	△100

区　　分	II　資本金等の額の計算に関する明細書			
	期首現在資本金等の額	当期の増減		差引翌期首現在資本金等の額
		減	増	
資本金または出資金				
資本準備金				
自己株式			△150	△150
利益積立金額			100	100

別表5(1)の「資本金等の額の計算に関する明細書」上で自己株式の会計上の帳簿価額150を自己否認し（打ち消し）、別途利益積立金額と資本金等の額との間でプラス・マイナス100の振替調整を行うことにより、税務上の正しい数値になる。

2．被現物分配法人Ｂ社の処理

（1）会計処理

X社株式	150	/	A社株式	100
			株式譲渡益	50

（2）税務処理

Ｂ社が、Ａ社株式の譲渡に伴い、その対価としてＸ社株式の交付を受け、その現物分配が適格現物分配に該当する場合、次の税務処理になる。

X社株式	150	/	A社株式	100
資本金等の額	50	/	利益積立金額	100
			（みなし配当）	

Ｂ社が、完全支配関係があるＡ社から、みなし配当事由により、資産（Ｘ社株式）の交付を受けているため、Ｂ社がＡ社に対して譲渡したＡ社株式については、その帳簿価額による譲渡があったものとして取り扱われ、譲渡損益は計上されない（法法61条の2第17項）。

また、譲渡損益に相当する金額については、資本金等の額の加減算処理を行うことになる。資本金等の額の減算すべき額は、次の算式で算定される（法令8条1項22号）。

以上の内容を図表で表すと、次のようになる。

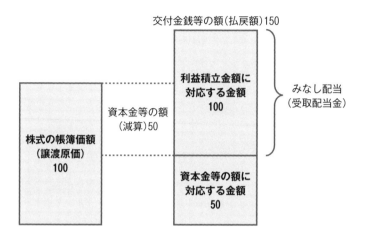

以上のように、適格現物分配に該当する場合は、B社において株式の譲渡損益は計上されず、譲渡損益に相当する額について資本金等の額の加減算が発生する。

（参考）完全支配関係になかった場合の税務上の仕訳

X社株式	150	/	A社株式	100
株式譲渡損	50	/	受取配当金	100

（3）申告調整

別表四　所得の金額の計算に関する明細書

区　　分	総　額	処　　分	
		留　保	社外流出
	①	②	③
当期利益または当期欠損の額			配当
			その他
加算　受取配当金計上もれ	100	100	
減算　株式譲渡益減算	50	50	
適格現物分配に係る益金不算入額	100		100

別表4の減算欄の「適格現物分配に係る益金不算入額」は、受取配当等

の益金不算入規定が適用されるのではなく、適格現物分配に係る収益が全額益金不算入となる法人税法62条の5第4項が適用されることによる減算である。したがって、別表8（1）の記載は不要である。

別表五（一）　利益積立金額および資本金等の額の計算に関する明細書

区　　分	Ⅰ　利益積立金額の計算に関する明細書			
	期首現在利益積立金額	当期の増減		差引翌期首現在利益積立金額①－②＋③
		減	増	
	①	②	③	④
利益準備金				
積立金				
資本金等の額			50	50

区　　分	Ⅱ　資本金等の額の計算に関する明細書			
	期首現在資本金等の額	当期の増減		差引翌期首現在資本金等の額
		減	増	
資本金または出資金				
資本準備金				
利益積立金額			△50	△50

　上記のように、「受取配当金計上もれ100」の加算（留保）および「株式譲渡益減算50」の減算（留保）に対応して、別表5（1）の「利益積立金額の計算に関する明細書」に50の増加が入る。また、「資本金等の額の計算に関する明細書」に50の減少が入る。利益積立金額と資本金等の額との間で同額のプラス・マイナスの調整、いわゆる「振替調整」が入ることにより、税務上の正しい数値になる。すなわち、会計上、株式譲渡益を50計上しているため、繰越利益剰余金が増加している。「利益積立金額の計算に関する明細書」の「繰越損益金」の欄が同額増加しているため、トータルで利益積立金額は100増加していることになる。

　このプラス・マイナスの調整は以後において解消されないと考えられる。なぜならば、会計上は全体が損益取引であるととらえているのに対し

て、税務上は一部（50）について資本等取引（資本金等の額の減少）としてとらえたため、資本と利益の区分が会計と税務でずれたことによるものであり、解消する機会がないと考えられるからである。

・・・・・・・・・・・・・・・・・・・・・・・・・・・・・・・・

設 例　剰余金の配当に伴い自己株式の交付を受けた場合（資本剰余金の配当の場合）

前提条件

　子会社B社は、完全支配関係がある親会社A社の株式を所有していたが、その親会社A社に対して、A社株式を配当した。会計処理、税務処理および申告調整を示しなさい。

1．子会社B社におけるA社株式の帳簿価額は200とする。

2．親会社A社の保有するB社株式の帳簿価額は、1,000とする。

3．子会社の株主資本の（会計上の）簿価純資産額は、1,250とする。

4．剰余金の原資は、資本剰余金であるものとする。

5．子会社B社における剰余金の分配規制については問題ない。

6．B社の自己株式取得直前の税務上の貸借対照表は、次のとおりとする。

B社の自己株式取得直前の貸借対照表

資産	2,000	負債	750
		資本金等の額	1,000
		利益積立金額	250

（注）　税務上の貸借対照表を前提としている。

・・

[解　答]

1．会計処理

（1）A社の会計処理

　A社は、自己株式の取得に係る会計処理を行うが、B社におけるA社株式の帳簿価額により計上する。自己の株式による現物配当を受けた親会社は、自己の株式を移転前の適正な帳簿価額により計上するとともに、これまで保有していた子会社株式が実質的に引き換えられたものとみなされる。この場合、実質的に引き換えられたものとみなされる額は、分配を受ける直前のその株式の適正な帳簿価額を合理的な方法により按分して計算する（「事業分離等に関する会計基準」52項、35項、企業結合・事業分離等適用指針297項、268項、244項）。

　なお、合理的な按分の方法としては、関連する時価の比率、時価総額の比率、関連する帳簿価額の比率などによるが（企業結合・事業分離等適用指針295項）、ここでは関連する帳簿価額の比率によるものとする。

自己株式	200[※1]	B社株式	160[※2]
		交換差益	40[※3]

※1　子会社における移転前の適正な帳簿価額200
※2　B社株式の帳簿価額1,000×200／1,250＝160
※3　200－160＝40

　A社は、子会社B社からA社株式の現物配当を受けるが、企業集団内の企業間の配当であるため、自己株式を帳簿価額により受け入れるものと考えられる。その時の相手勘定の貸方については、子会社株式が実質的に引き換えられたものとして取り扱うため、自己株式の帳簿価額と子会社株式の帳簿価額の減少額との差額について交換差益を計上することが考えられる。

（2）B社の会計処理

　企業集団内の企業に対して配当するため、A社株式の帳簿価額200を

もって、その他資本剰余金を減額する（自己株式等適用指針10項）。

　　その他資本剰余金　　200　　／　　Ａ社株式　　200

２．税務処理

（１）Ａ社の税務処理

　適格現物分配により、被現物分配法人（Ａ社）が移転を受ける資産が自己株式（Ａ社株式）である場合には、現物分配法人（Ｂ社）における当該現物分配の直前の帳簿価額に相当する金額を被現物分配法人の資本金等の額から減額する（法令８条１項21号ロ）。

　また、当該法人を被現物分配法人とする適格現物分配により当該適格現物分配に係る現物分配法人から交付を受けた資産の当該適格現物分配の直前の帳簿価額に相当する金額については、利益積立金額を増加する（法令８条１項４号）。ただし、当該適格現物分配がみなし配当事由によるものである場合は、当該適格現物分配に係る法人税法24条１項に規定する株式または出資に対応する部分の金額を除く。

①　みなし配当の額の計算

$$\text{交付金銭等の額} - \text{会社の資本金等の額} \times \frac{\text{資本の払戻しにより減少した資本剰余金（現物資産の帳簿価額）}}{\text{前期末の簿価純資産額}}$$

$$= 200 - 1{,}000 \times 200 / 1{,}250$$

$$= 200 - 160 = 40$$

　上記の計算を被現物分配法人（親会社）側ではできないため、実務上は現物分配法人（子会社）から交付を受ける支払通知書によりみなし配当の額を確認し、その額について利益積立金額を増加させることになる。

②　株式の譲渡原価の計算

　親会社Ａ社は、子会社Ｂ社の株式を保有しているが、資本の払戻しを受けたことにより、みなし配当のほかに株式の譲渡損益を認識するのが通常であるが、完全支配関係があるため、譲渡対価の額は譲渡原価の額に相当

する額とされ、譲渡損益は不計上となる（法法61条の2第17項）、譲渡損益に相当する額は、資本金等の額の加減算処理を行う（法令8条1項22号）。

$$\text{B社株式の帳簿価額} \times \text{払戻割合} = \text{帳簿価額} \times \frac{\substack{\text{資本の払戻しにより減少した資本剰余金}\\ \text{（現物資産の帳簿価額）}}}{\text{前期末の簿価純資産額}}$$

$$= 1{,}000 \times 200 / 1{,}250 = 160$$

③　資本金等の額の減算すべき金額

譲渡損益に相当する額は、資本金等の額の加減算処理になるが（法令8条1項22号）、次のように計算される。

$$\left\{ \substack{\text{みなし配当の額}} + \substack{\text{譲渡対価の額と}\\ \text{みなされる額}\\ \text{（＝株式の譲渡原価）}} \right\} - \substack{\text{交付金銭等の額}\\ \text{（適格現物分配の場合は}\\ \text{現物分配法人における現}\\ \text{物資産の帳簿価額）}}$$

$$\{\ 40\ +\ 160\ \}\ -\ 200\ =\ 0$$

結果として、次の仕訳が起きる。

資本金等の額	200	利益積立金額（みなし配当）	40
		B社株式	160

次のように別表調整を行う。

別表四　所得の金額の計算に関する明細書

区　分	総　額	処　分	
		留　保	社外流出
	①	②	③
当期利益または当期欠損の額			配当
			その他
加算　受取配当金計上もれ	40	40	
減算　交換差益減算	40	40	
減算　適格現物分配に係る益金不算入額	40		40

別表4の減算「適格現物分配に係る益金不算入額」は、受取配当等の益金不算入規定が適用されるのではなく、適格現物分配に係る収益が全額益金不算入となる法人税法62条の5第4項が適用されることによる減算である。したがって、別表8（1）の記載は不要である。

別表五（一） 利益積立金額および資本金等の額の計算に関する明細書

I 利益積立金額の計算に関する明細書			
区　　分	期首現在利益積立金額	当期の増減		差引翌期首現在利益積立金額 ①－②＋③
		減	増	
	①	②	③	④
利益準備金				
積立金				

II 資本金等の額の計算に関する明細書			
区　　分	期首現在資本金等の額	当期の増減		差引翌期首現在資本金等の額
		減	増	
資本金または出資金				
資本準備金				
自己株式			△200	△200

会計上、交換差益を40計上しており、「利益積立金額の計算に関する明細書」の繰越損益金が同額増加しているため、利益積立金額に係る調整は必要ない。一方、「資本金等の額の計算に関する明細書」において、自己株式の会計上の帳簿価額200を自己否認する。結果として、資本金等の額は200減少する。

(2) B社の税務処理

適格現物分配を行う場合のみなし配当の額については、現物分配法人が適格現物分配により交付する資産の適格現物分配直前の帳簿価額に基づいて計算するが、この点は、適格現物分配により交付する資産が被現物分配法人の自己株式となる場合であっても、同様である。

$$資本金等の額の減少額 ＝ 会社全体の資本金等の額 \times \frac{資本の払戻しにより減少した資本剰余金の額}{前期末の簿価純資産額}$$

$$＝ 1,000 \times 200/1,250$$

$$＝ 160$$

利益積立金額の減少額 ＝ 200 － 160 ＝ 40

資本金等の額	160	A社株式	200
利益積立金額	40		

（みなし配当）

次の申告調整が必要になる。

別表五（一） 利益積立金額および資本金等の額の計算に関する明細書

区　　分	Ⅰ　利益積立金額の計算に関する明細書			
	期首現在利益積立金額	当期の増減		差引翌期首現在利益積立金額 ①－②＋③
		減	増	
	①	②	③	④
利益準備金				
積立金				
資本金等の額			△40	△40

区　　分	Ⅱ　資本金等の額の計算に関する明細書			
	期首現在資本金等の額	当期の増減		差引翌期首現在資本金等の額
		減	増	
資本金または出資金				
資本準備金				
その他資本剰余金	ＸＸＸ		△200	ＸＸＸ
利益積立金額			40	40

　会計上、その他資本剰余金を200減少させているため、別表5（1）の「資本金等の額の計算に関する明細書」において、その他資本剰余金の200の減少を記載する。しかし、税務上は、利益積立金額を40減少させ、資本金

等の額を160減少させるのが正しいため、利益積立金額と資本金等の額との間でプラス・マイナス40の振替調整を入れることで税務上の正しい数値になる。

・・・・・・・・・・・・・・・・・・・・・・・・・・・・・・・・・・・・・

6. 繰越欠損金の使用制限と特定資産に係る譲渡等損失額の損金算入制限

(1) 繰越欠損金の使用制限

　適格現物分配についても、適格合併等が行われた場合の合併法人等の繰越欠損金の使用制限の規定の対象になっている点に留意する必要がある（法法57条4項）。含み益のある現物資産の簿価移転により、被現物分配法人においてその後含み益を実現し、繰越欠損金を使用するような租税回避行為が行われる可能性が考えられるためである。現物分配法人と被現物分配法人との間の支配関係が形成されてから、十分に期間が経過していない場合は、留意が必要である。

　ただし、被現物分配法人（親会社）にとって自己株式となる株式のみの交付を受ける適格現物分配である場合は、繰越欠損金の使用制限および特定資産に係る譲渡等損失額の損金算入制限は課せられない。この場合は、被現物分配法人において、現物資産の帳簿価額相当額について資本金等の額が減少するのみであり、株式の含み益が実現するわけではないからである。

　なお、事業の移転ではないことから、みなし共同事業要件に該当する場合の制限の除外措置は設けられていない。

　また、現物分配法人については、制限はない。

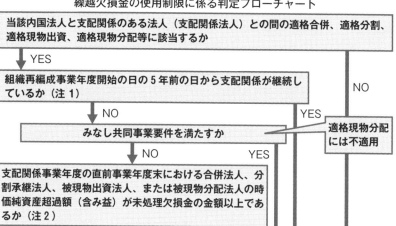

繰越欠損金の使用制限に係る判定フローチャート

当該内国法人と支配関係のある法人（支配関係法人）との間の適格合併、適格分割、適格現物出資、適格現物分配等に該当するか

YES

組織再編成事業年度開始の日の 5 年前の日から支配関係が継続しているか（注 1）

NO

NO　YES

みなし共同事業要件を満たすか

適格現物分配には不適用

NO　YES

支配関係事業年度の直前事業年度末における合併法人、分割承継法人、被現物出資法人、または被現物分配法人の時価純資産超過額（含み益）が未処理欠損金の金額以上であるか（注 2）

NO　YES

使用制限あり　　**使用制限なし**

（注 1 ）　組織再編成事業年度開始の日の 5 年前の日、当該内国法人の設立の日または当該支配関係法人の設立の日のうち最も遅い日から継続して当該内国法人と当該支配関係法人との間に支配関係が継続しているときは、制限はかからない。

（注 2 ）　みなし共同事業要件を満たさなくても、支配関係事業年度の直前事業年度末における合併法人、分割承継法人、被現物出資法人または被現物分配法人（以下、「合併法人等」）の時価純資産超過額（時価純資産価額－簿価純資産価額）が未処理欠損金額以上であるときは、合併法人等の未処理欠損金額の全額の使用が可能となる。また、未処理欠損金額が時価純資産超過額を上回るときは、時価純資産超過額の範囲で合併法人等の未処理欠損金額の使用が可能となる。

（注 3 ）　被現物分配法人にとって自己株式となる株式のみの交付を受ける適格現物分配である場合は、制限は課されない。

(2) 特定資産に係る譲渡等損失額の損金算入制限

　適格現物分配は、特定引継資産および特定保有資産の譲渡等損失額の損金算入制限の対象である（法法62条の 7 第 1 項）。含み損のある資産を適格現物分配により被現物分配法人に移転した後に譲渡等により損失を実現させる行為、およびもともと被現物分配法人が保有していた含み損のある資産を適格現物分配後において実現させる行為、双方が規制対象となる。

適格現物分配後一定の期間内（適用年度という）に生じた損失額が規制対象になる点に留意が必要である。

特定資産譲渡等損失額とは、次の金額の合計額をいう（法法62条の7第2項）。

①　当該内国法人が特定適格組織再編成等により移転を受けた資産で、被合併法人、分割法人、現物出資法人または現物分配法人が支配関係発生日前から有していたもの（特定引継資産）	当該内国法人を合併法人、分割承継法人、被現物出資法人または被現物分配法人とする特定適格組織再編成等が行われた場合に、支配関係法人（当該内国法人との間に支配関係がある法人をいう）から移転を受けた資産で当該支配関係法人が当該内国法人との間に最後に支配関係があることとなった日（以下、「支配関係発生日」という）前から有していたもの（以下、「特定引継資産」という）の譲渡、評価換え、貸倒れ、除却その他これらに類する理由による損失の額の合計額から特定引継資産の譲渡または評価換えによる利益の額の合計額を控除した金額
②　当該内国法人が支配関係発生日前から有していた資産（特定保有資産）	当該内国法人が支配関係発生日前から有していた資産（以下、「特定保有資産」という）の譲渡、評価換え、貸倒れ、除却その他これらに類する理由による損失の額の合計額から特定保有資産の譲渡または評価換えによる利益の額の合計額を控除した金額

（注）　土地を除く棚卸資産、売買目的有価証券、特定適格組織再編成等の日における帳簿価額または取得価額が1,000万円に満たないものを除く（法令123条の8第3項）。

なお、事業の移転ではないことから、みなし共同事業要件に該当する場合の制限の除外措置は設けられていない。

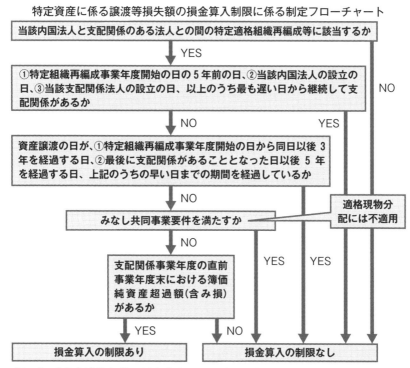

（注1）「特定適格組織再編成等」とは、適格合併、非適格合併のうち100％グループ内法人間で譲渡損益調整資産の譲渡損益繰延の適用があるもの、適格分割、適格現物出資または適格現物分配をいう（法法62条の7第1項）。
（注2）被現物分配法人にとって自己株式となる株式のみの交付を受ける適格現物分配である場合は、制限は課されない。

7. 確定申告書の添付書類

現物分配法人および被現物分配法人における確定申告書の添付書類は、次のとおりである（法規35条5号、6号）。

確定申告書の添付書類

① 現物分配に係る契約書、計画書その他これらに類するものの写し
② 現物分配によりその現物分配に係る被現物分配法人に移転した資産その他主要な事項またはその現物分配に係る現物分配法人から移転を受けた資産その他主要な事項に関する明細書

第6章

組織再編時の
自己株式の処理

Ⅰ　合併における自己株式の処理

1. 合併時に自己株式を処分した場合

　「企業結合・事業分離等適用指針」には、一方の法人が他方の法人の支配を新たに獲得する、いわゆる「取得」の場合の自己株式の処分に係る会計処理が定められている。それに対して、親子会社間の合併のような「共通支配下の取引」の場合で、親会社が子会社の非支配株主に対して自己株式の処分をする場合は、自己株式の処分の対価を、時価を基礎として会計処理することになり、「取得」の会計処理と同様の処理になる。

　合併に際して、合併法人は被合併法人の株主に対して、合併の対価として合併法人株式を交付するのが一般的である。このとき、新株発行により交付するか、自己株式の処分により交付するか、または新株発行と自己株式の処分を併せて交付する。

　以下は、合併法人が被合併法人の株主に対して、自己株式の処分により、合併法人株式を交付するときの会計処理である。

　企業結合の対価として、取得企業（支配を新たに獲得する企業）が自己株式を処分した場合（新株の発行を併用した場合を含む）には、増加すべき株主資本の額（自己株式の処分の対価の額。新株の発行と自己株式の処分を同時に行った場合には、新株の発行と自己株式の処分の対価の額）から処分した自己株式の帳簿価額を控除した額を払込資本の増加（当該差額がマイナスとなる場合にはその他資本剰余金の減少）として会計処理する。

　なお、増加すべき払込資本の内訳項目（資本金、資本準備金またはその他資本剰余金）は、会社法の規定に基づき決定する（企業結合・事業分離等適用指針80項）。払込資本の内訳については、合併契約に定めることになるが、資本金、資本準備金に計上しないで、全額をその他資本剰余金に

計上することも可能である。

　上記の処理は、親会社が子会社を吸収合併する場合で、親会社が子会社の非支配株主に対して自己株式の処分を行う場合も同様である。

［設例］　取得企業の増加資本の会計処理－新株の発行と自己株式の処分を併用した場合

（1）前提条件

① 　A社とB社はX1年4月1日を企業結合日（合併期日）として合併し、A社が吸収合併存続会社となった。当該合併は取得とされ、A社が取得企業、B社が被取得企業とされた。

② 　合併期日のA社株式の時価は1株当たり6であり、交付した株式（総数100株）の時価総額は600となった。A社は、B社株主へのA社株式の交付（総数100株）にあたり、自己株式を10株（帳簿価額70）処分し、新株を90株（時価540）発行した。

③ 　企業結合日（合併期日）において、B社が保有するその他有価証券の時価は170（帳簿価額150）であった。なお、その他の資産は時価と帳簿価額が同じであったものとする。

④ 　A社は、増加すべき株主資本のうち、資本金を200、資本準備金を100増加させ、残額についてはその他資本剰余金とした。

⑤ 　X1年3月31日現在のB社の個別貸借対照表は次のとおりである。

B社個別貸借対照表			
諸　　　　資　　　　産	200	資　　　　本　　　　金	150
有　　価　　証　　券	170	資本剰余金（資本準備金）	100
（帳　簿　価　額：150）		利　　益　　剰　　余　　金	100
		その他有価証券評価差額金	20
合　　　　　　　　計	370	合　　　　　　　　計	370

（2）企業結合日の個別財務諸表上の会計処理（X1年4月1日）

（借）	諸資産	200	（貸）	自己株式（＊2）	70
	有価証券	170		資本金（＊2）	200
	のれん（＊1）	230		資本剰余金（資本準備金）（＊2）	100
				資本剰余金（その他資本剰余金）（＊2）	230

（＊1）・取得原価：交付した株式数100株（自己株式の処分10＋新株の発行

90）× @ 6（600÷100）＝600
　　　・取得原価の配分額（識別可能資産）：諸資産200＋その他有価証券
　　　　170＝370
　　　・のれん：取得原価600－取得原価の配分額（識別可能資産）370＝
　　　　230
（＊2）増加すべき株主資本の額（新株の発行と自己株式の処分の対価の
　　　額：600）から交付した自己株式の帳簿価額70を控除して算定した額
　　　を払込資本の増加として処理し、増加すべき払込資本の内訳項目は、
　　　前提条件④により、資本金200、資本準備金100、残額をその他資本剰
　　　余金とする（第80項参照）。

（出典：ASBJ 企業結合・事業分離等適用指針の設例9より）

　なお、税務上、自己株式には帳簿価額はない。適格合併に該当する場合
は、合併法人において、被合併法人の最後事業年度（合併の日の前日に終
了する事業年度）終了の時の資本金等の額と同額の資本金等の額が加算さ
れることになる（法令8条1項5号ハ）。要するに、新株発行と同様の処
理になる。

2. 被合併法人が合併前に合併法人株式を保有していた場合

　被合併法人が合併前に合併法人株式を保有していた場合、合併により合
併法人において自己株式として認識することになる。被合併法人が保有し
ていた合併法人株式をいったん受け入れ、それを同時に自己株式に振り替
えるイメージになる。

　　　自己株式　　ＸＸＸ　　／　　合併法人株式　　ＸＸＸ

　なお、税務上は、自己株式として認識することはなく、資本金等の額の
減少として処理すると考えられる（法令8条1項21号ロ）。

Ⅱ　抱合せ株式の処理

　合併法人が合併前に保有する被合併法人株式を「抱合せ株式」という。会社法上、合併法人が保有する抱合せ株式に対して新株の割当ては行うことはできない（会社法749条1項3号、3項）。したがって、抱合せ株式は合併に伴って消滅することになる。

　会計処理は、「企業結合に関する会計基準」（以下、「企業結合会計基準」という）に従い、「取得」、「共同支配企業の形成」または「共通支配下の取引」のいずれの類型かによって、それぞれの会計処理が異なる。

1．取得

　抱合せ株式の帳簿価額を取得の対価の一部ととらえ、抱合せ株式の消滅を認識する。割り当てる取得企業の株式の時価を払込資本とし、その額に消滅する抱合せ株式の帳簿価額を加えた額が取得の対価になる（企業結合・事業分離等適用指針46項、設例4）。

2．共同支配企業の形成

　増加資本の会計処理として払込資本として処理する方法を採用する場合は、抱合せ株式の帳簿価額を払込資本から減額する。また、純資産の部を引き継ぐ例外的な会計処理を採用した場合は、抱合せ株式の帳簿価額をその他資本剰余金から控除する（企業結合・事業分離等適用指針84-2項）。

3．共通支配下の取引

　親子会社間の合併や子会社間の合併は、共通支配下の取引に該当する。親子会社間の合併の場合と子会社間の合併の場合で、会計処理が異なる。

(1) 親子会社間の合併の場合

　抱合せ株式の消滅を認識する。親会社は、子会社から受け入れた資産と

負債との差額のうち株主資本の額を合併期日直前の持分比率に基づき、親会社持分相当額と非支配株主持分相当額に按分し、親会社持分相当額と親会社が合併直前に保有していた子会社株式（抱合せ株式）の適正な帳簿価額との差額を、「抱合せ株式消滅益」または「抱合せ株式消滅損」として特別損益に計上する（企業結合・事業分離等適用指針206項(2)）。

　また、非支配株主持分相当額と、取得の対価（非支配株主に交付した親会社株式の時価）との差額をその他資本剰余金とする。合併により増加する親会社の株主資本の額は、払込資本（資本金、資本準備金またはその他資本剰余金）とする。

　株主資本以外の項目である評価・換算差額等および新株予約権は、親会社が子会社の合併期日前日の適正な帳簿価額を引き継ぐ。

親会社における受入処理

一方、税務上の取扱いであるが、適格合併に該当する場合は、合併法人における資本金等の額を、被合併法人の最後事業年度（合併の日の前日の属する事業年度）終了の時の資本金等の額と同額増加させ（法令8条1項5号ハ）、合併法人において抱合せ株式を保有している場合は、合併直前の抱合せ株式の帳簿価額相当額について、資本金等の額を減算する（同条1項5号）。

　会計上の抱合せ株式消滅差損益は、税務上は認識しないため、申告調整が必要になる。以下の設例を参照されたい。

設　例　**吸収合併に伴う抱合せ株式の処理（親子会社間の合併の場合）**

前提条件

　当社は、数年前にＡ社株式を取得した。現在Ａ社株式の100％を所有している。帳簿価額は株式取得時の時価に見合った100,000千円である。

　当社は、このたび100％子会社であるＡ社を吸収合併する。無対価合併により行うが、税務上、適格合併に該当する。そのときの会計処理と税務処理を示しなさい。

Ａ社　貸借対照表　　　　単位：千円

現預金	20,000	借入金	15,000
土地	65,000	資本金	10,000
（土地の時価は	80,000)	利益剰余金	60,000
合計	85,000	合計	85,000

（注）　税務上の資本金等の額は10,000千円であり、利益積立金額は60,000千円とする。

・・・・・・・・・・・・・・・・・・・・・・・・・・・・・・・・・・・・・

解　答

1．会計処理

　親子会社間の合併であり、共通支配下の取引に該当するので、子会社の資産および負債を帳簿価額により受け入れる。また、子会社の株主資本のうちの親会社持分相当額（70,000千円）と親会社が合併直前に保有していた子会社株式（抱合せ株式）の適正な帳簿価額（100,000千円）との差額30,000千円を、抱合せ株式消滅損として特別損失に計上する。

現預金	20,000		借入金	15,000
土地	65,000		Ａ社株式	100,000
抱合せ株式消滅損	30,000			

2．税務処理

　適格合併に該当するため、子会社の資産および負債を帳簿価額により引き継ぐ。また、子会社の最後事業年度終了の時の資本金等の額10,000千円

について資本金等の額を増加する。また、諸資産の帳簿価額85,000千円から諸負債の帳簿価額15,000千円および資本金等の額の増加額10,000千円の合計額である25,000千円を減算した額60,000千円について、利益積立金額の増加を認識する。一方、抱合せ株式の帳簿価額100,000千円について資本金等の額を減少する。

現預金	20,000	借入金	15,000
土地	65,000	資本金等の額	10,000
		利益積立金額	60,000
資本金等の額	100,000	A社株式	100,000

3．申告調整

　会計上の抱合せ株式消滅損は、税務上は損金不算入となるため、別表4で加算（留保）する。また、別表5（1）の利益積立金額であるが、会計上抱合せ株式消滅損を計上しているので、繰越損益金の欄が減少している。トータルでみると、合併による利益積立金額の増加額である60,000千円増加することになる。一方、資本金等の額はトータルで90,000千円減少する。

別表四　所得の金額の計算に関する明細書

区　　分	総　額	処　　分		
		留　保	社外流出	
	①	②	③	
当期利益または当期欠損の額			配当	
			その他	
加算　抱合せ株式消滅損加算	30,000	30,000		
減算				

別表五（一）　利益積立金額および資本金等の額の計算に関する明細書

Ⅰ　利益積立金額の計算に関する明細書			
区　　分	期首現在利益積立金額	当期の増減		差引翌期首現在利益積立金額 ①－②＋③
		減	増	
	①	②	③	④
利益準備金				
積立金				
抱合せ株式消滅損加算			30,000	30,000
合併による増加			60,000	60,000

Ⅱ　資本金等の額の計算に関する明細書			
区　　分	期首現在資本金等の額	当期の増減		差引翌期首現在資本金等の額
		減	増	
資本金または出資金				
資本準備金				
合併による減少			△90,000	△90,000

　上記のように記載しないで、「利益積立金額に関する明細書」と「資本金等の額の計算に関する明細書」との間で、プラス・マイナス90,000千円の振替調整を行う方法によることも考えられる。

　なお、平成27年度地方税法の改正前は、資本金等の額が90,000千円減少することにより、合併法人の均等割が下がるケースがあり得たが、改正後は、法人住民税均等割の税率区分の基準となる資本金等の額が資本金と資本準備金の合計額を下回るときは、法人住民税均等割の税率区分の基準となる額は資本金と資本準備金の合計額とする旨の規定が新設されたため（地法52条4項）、均等割は直ちには下がらない。外形標準課税の資本割についても、同様である（地法72条の21第2項）。

（2）子会社間の合併の場合

　合併法人である子会社が被合併法人である子会社の株式（関連会社株式またはその他有価証券）を保有している場合で、新株を発行したときの合併法人である子会社の増加すべき株主資本の会計処理は、次のいずれかの

方法による（企業結合・事業分離等適用指針247項(3)）。

> ①　被合併法人の株主資本の額から抱合せ株式の適正な帳簿価額を控除した額を払込資本の増加（当該差額がマイナスの場合にはその他利益剰余金の減少）として処理する。
> ②　被合併法人の株主資本を引き継いだ上で、抱合せ株式の適正な帳簿価額をその他資本剰余金から控除する。

　税務上は、適格合併に該当する場合、抱合せ株式の帳簿価額について資本金等の額の減少とすることが考えられる（法令8条1項5号）。

Ⅲ 株式交換に際して自己株式の交付を行う場合の処理（代用自己株式により株式交換を行った場合の会計処理と税務）

　株式交換子会社が自己株式を保有している場合の会計処理および税務処理を解説する。株式交換子会社側の処理がポイントである。

1. 会計処理

(1) 株式交換親会社の会計処理

　株式交換直前に子会社が自己株式を保有しており、株式交換日において、親会社が当該自己株式（子会社株式）の取得と引き換えに子会社に対して自己の株式（親会社株式）を交付した場合の親会社の会計処理は、次のとおりである（企業結合・事業分離等適用指針238-2項、236項）。

　親会社が追加取得する株式交換完全子会社株式の取得原価は、企業結合会計基準（注11）により、取得の対価（非支配株主に交付した株式交換完全親会社株式の時価）に付随費用を加算して算定する。

　また、株式交換により増加する株式交換完全親会社の資本は、払込資本

（資本金または資本剰余金）として処理する。増加すべき払込資本の内訳項目（資本金、資本準備金またはその他資本剰余金）は、会社法の規定に基づき決定する。

(2) 株式交換子会社の会計処理

　自己株式と引き換えに受け入れた親会社株式の取得原価は、親会社が付した子会社株式の取得原価を基礎として算定する。また、親会社株式の取得原価と自己株式の帳簿価額との差額は、自己株式処分差額としてその他資本剰余金に計上する（企業結合・事業分離等適用指針238-3項）。

　子会社が自己株式を保有している場合、株式交換により親会社株式が割り当てられる。会計上は、子会社は親会社株式を時価で受け入れ、自己株式の帳簿価額との差額がその他資本剰余金に計上される。

2. 税務処理

　税務上は、自己株式の帳簿価額はゼロであるため、株式交換で受け入れる親会社株式の帳簿価額もゼロになる（法令119条1項9号）。税務上、将来の売却等により多額の譲渡利益が発生し得るため、事前に対策を検討しておく必要がある。これについては、株式交換前に自己株式の消却を行う方法、（子会社に剰余金がある場合に）株式交換後に適格現物分配で親会社に移転する方法などが考えられる。適格現物分配については、「第5章　自己株式の取得と現物分配」を参照されたい。

3. 株式交換の仕組みと代用自己株式の活用

　株式交換制度は、次のような仕組みで100％親子会社関係を創設する組織再編手法である。すなわち、下記の図表で完全子会社となる乙社の株主は、完全親会社となる甲社に乙社株式を提供し、代わりに完全親会社となる甲社の株式の交付を受ける。甲社は、新株発行して株式を交付してもよく、また、所有している自己株式を交付しても構わない。所有している自己株式を新株発行に代えて用いることを、代用自己株式という。

新株発行して交付するよりも、所有している自己株式を交付した方が、新株発行コストの低減、発行済株式数の増加による株式価値の希薄化の防止などメリットが大きいと考えられる。また、機動的な組織再編を行う上でも、代用自己株式で対応した方が、メリットがある。このことは、組織再編全般に共通している。

また、税務上、適格株式交換の要件を満たす場合は、課税関係が生じない。

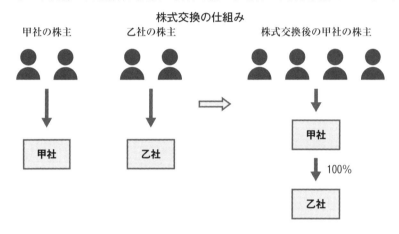

株式交換の仕組み

4. 代用自己株式の会計・税務処理

(1) 株式交換親会社の会計処理

親会社が追加取得する株式交換完全子会社株式の取得原価は、企業結合会計基準（注11）により、取得の対価（非支配株主に交付した株式交換完全親会社株式の時価）に付随費用を加算して算定する（企業結合・事業分離等適用指針236項(1)）。新株発行と自己株式の処分を併せて行う場合であっても、新株発行と処分する自己株式の合計数に係る時価を取得の対価とする点で、上記の会計処理が適用される。

また、株式交換により増加する株式交換完全親会社の資本は、払込資本（資本金または資本剰余金）として処理する。増加すべき株主資本の額（処分した自己株式の時価）から処分した自己株式の帳簿価額を控除した

額を払込資本（資本金、資本準備金またはその他資本剰余金）の増加とする。ただし、その差額がマイナスとなる場合には、その他資本剰余金の減少として処理する（企業結合・事業分離等適用指針112項）

　増加すべき払込資本の内訳項目（資本金、資本準備金またはその他資本剰余金）は、会社法の規定に基づき決定するが、債権者保護手続を行うことを条件として、その他資本剰余金に全額を計上することが認められる（会社計算規則39条2項）。

(2) 株式交換子会社の会計処理

　株式交換子会社が自己株式を保有していて、株式交換親会社株式の交付を受ける場合を除いて、株式交換子会社の会計処理は発生しない。なぜならば、株式交換子会社では、株主が代わるだけであり、財産の状況には何も影響はないからである。

　自己株式と引き換えに株式交換親会社株式を受け入れた場合の親会社株式の取得原価は、親会社が付した子会社株式の取得原価を基礎として算定する。また、親会社株式の取得原価と自己株式の帳簿価額との差額は、自己株式処分差額としてその他資本剰余金に計上する（企業結合・事業分離等適用指針238-3項）。

　以下、株式交換に際して、完全親会社となる会社が自己株式の交付を行う場合の会計・税務処理を、設例により解説する。

設例　代用自己株式に係る会計・税務処理

前提条件

　当社（甲社）は、株式交換を用い、当社の自己株式と交換に乙社の株式を取得した。以下の内容の下で、会計処理と税務の取扱いを示しなさい。

1．甲社が完全親会社、もともと子会社である乙社が完全子会社となる株式交換を行った。
2．交換比率を1対1とし、甲社は所有している自己株式20株（株式交換日の時価600（1株当たり30））をすべて乙社の非支配株主に交付した。

処分した自己株式の帳簿価額は250であった。

3. 対価はすべて自己株式であり、他に交付金銭等はない。

4. 完全子会社株式の取得に係る付随費用はなかったものとする。

5. 債権者保護手続は行っており、増加資本の全額についてその他資本剰余金を計上する。

6. 税務上、適格株式交換に該当するものとし、乙社の株主数は50人以上であったとする。

<table>
<tr><th colspan="4">甲社B／S</th></tr>
<tr><td>資産</td><td>1,050</td><td>負債</td><td>300</td></tr>
<tr><td></td><td></td><td>資本金</td><td>1,000</td></tr>
<tr><td></td><td></td><td>自己株式</td><td>△250</td></tr>
</table>

<table>
<tr><th colspan="4">乙社B／S</th></tr>
<tr><td>資産</td><td>600</td><td>負債</td><td>150</td></tr>
<tr><td></td><td></td><td>資本金</td><td>100</td></tr>
<tr><td></td><td></td><td>剰余金</td><td>350</td></tr>
</table>

・・・・・・・・・・・・・・・・・・・・・・・・・・・・・・・・・・・・・・・

解 答

1. 会計処理

完全親会社となる甲社は、乙社株式を受け入れるとともに、自己株式の移転を行い、その他資本剰余金を計上する。その経済的実態は、甲社は、乙社の株主から乙社株式の現物出資を受けて、自己株式の交付をしたとみることができる。自己株式の交付をした場合の仕訳は、次のようになる。

乙社株式	600	その他資本剰余金	350
		自己株式	250

一方、完全子会社となる乙社については、株主が変わるだけであり、会計処理の必要はない。

2. 税務処理

完全親会社となる会社が取得した完全子会社株式の取得価額は、株式交

換子会社（乙社）の株主数が50人以上である場合は、完全子会社となる会社の前期末の簿価純資産価額に、その株式を取得するために要した費用を加算した金額とされる（法令119条1項10号ロ）。

乙社株式　　450　　／　　資本金等の額　　450

一方、完全子会社となる乙社については、株主が変わるだけであり、税務処理の必要はない。

3．申告調整

乙社株式の会計上の取得価額が600であるのに対して、税務上の取得価額は450である。また、会計上は、その他資本剰余金を350増加しているのに対して、税務上の資本金等の額の増加額は450である。次のとおり、法人税申告書別表5(1)上で調整を行う。

別表5(1)　利益積立金額および資本金等の額の計算に関する明細書

Ⅰ 利益積立金額の計算に関する明細書			
区　　分	期首現在利益積立金額	当期の増減		差引翌期首現在利益積立金額 ①－②＋③
		減	増	
	①	②	③	④
利益準備金				
積立金				
乙社株式			△150	△150
資本金等の額			150	150

（注）　S社株式の会計上の取得価額が600であるのに対して、税務上の取得価額は450であるため、乙社株式と記載してマイナス150の調整を入れる。ただし、税務上の利益積立金額は変動なしであるため、利益積立金額と資本金等の額との間の振替調整（プラス・マイナス150）を入れることにより、利益積立金額は変動しないことが表される。

	Ⅱ 資本金等の額の計算に関する明細書			
区 分	期首現在資本金等の額	当期の増減		差引翌期首現在資本金等の額
		減	増	
資本金または出資金				
資本準備金				
その他資本剰余金			350	350
自己株式	△250		250	0
利益積立金額			△150	△150

（注） 会計上はその他資本剰余金が350増加するため、350の増加を記載する。また、自己株式の会計上の帳簿価額250が減少しているため、自己株式の行に250の増加を記載する。税務上の資本金等の額は450の増加であるため、利益積立金額との間の振替調整（プラス・マイナス150）が入ることによって、資本金等の額が450増加することが表される。

第7章

自己株式の活用

Ⅰ　企業組織再編の代用自己株式

　合併、会社分割、株式交換などの企業組織再編を行うに際して、自己株式を活用する場合がある。例えば合併の場合、新株を発行したうえで、それを消滅会社の株主に対して交付するという形が多くとられるが、新株発行に代えて保有している自己株式を交付することにより、新株発行事務の省略による手続の簡略化およびコストの低減、発行済株式総数が増加することによる株式価値の希薄化を防ぎ、新たな配当負担や株主管理コストの増加を抑えることができる。

　企業組織再編時に、すべて代用自己株式で賄うほどの自己株式を保有していない場合も多いと考えられ、実務上は新株発行と代用自己株式を組み合わせて対応するケースがみられる。

　各種の企業組織再編スキームのなかに、自己株式の活用という視点を組み合わせて考えることにより、事業再編の一層の機動的実行が可能になると考えられる。保有している自己株式を活用して、他社または他社の事業を買収する場合において、自己株式の株式としての価値を高めておくことが、そのような活用の仕方を生かすことになることはいうまでもない。

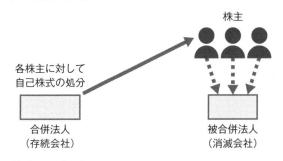

株主

各株主に対して
自己株式の処分

合併法人
（存続会社）

被合併法人
（消滅会社）

代用自己株式のメリット

・新株発行コストの節減
・株式価値の希薄化の防止
・機動的実行

Ⅱ 財務体質の健全化

1. ROE への影響

　経営指標として ROE（株主資本利益率）があり、ROE の改善目標を定めている企業も多い。ROE は、当期純利益を株主資本の額で除することにより算出される。したがって、余剰資金がある場合には、自己株式の取得により株主資本を圧縮することにより指標の改善ができる。

ROE ＝ 当期純利益 ÷ 株主資本

　ただし、株主資本を圧縮することにより、当期純利益が減少し、それにより ROE が悪化してはならないため、自己株式の取得に充てる財源はあくまでも利益の獲得に有効に活用されていない資金、または、活用される見込みのない資金でなければならない。したがって、遊休資産の売却、不採算事業の整理等により生じた余剰資金を自己株式の取得に充てる場合は、ROE が顕著に改善することになる。

　なお、景気が悪化し、企業の業績が不安定になると、手元流動性の確保の要請が働くため、自己株式を取得するニーズが低くなる。自己株式の取得については、財務政策の一環として、将来の事業計画、資金計画などを考慮した上で、進めていくことになる。

2. 1 株当たり指標の改善

　自己株式を取得することにより、1 株当たり当期純利益や 1 株当たり純資産額を改善する効果が期待できる。

　1 株当たり当期純利益は、次の算式により計算される。

$$1株当たり当期純利益 = \frac{普通株式に}{係る当期純利益} \div \frac{普通株式の}{期中平均株式数}$$

　期中平均株式数は、期中に普通株式が発行された場合、発行時から期末までの期間に応じた普通株式数は、当該発行時から期末までの日数に応じた普通株式数を算定する方法の他、合理的な基礎に基づいて算定された当該平均株式数、例えば、当該発行時から期末までの月数に応じた普通株式数を算定する方法を用いることができる。会計期間における月末の普通株式の発行済株式数から自己株式数を控除した株式数の累計を平均して算定する方法を用いることもできるとされている（「1 株当たり当期純利益に関する会計基準の適用指針」13項）。

　また、1 株当たり純資産額は、次の算式により計算される。

1株当たり純資産額
＝ 普通株式に係る期末の純資産額 ÷（期末発行済普通株式数 － 期末自己株式数）

　1 株当たり純資産額は、普通株式に係る期末の純資産額を、期末の普通株式の発行済株式数から自己株式数を控除した株式数で除して算定する（「1 株当たり当期純利益に関する会計基準の適用指針」34項）。

　普通株式に係る期末の純資産額は、貸借対照表の純資産の部の合計額から以下の金額を控除して算定する（「1 株当たり当期純利益に関する会計基準の適用指針」35項）。

・新株式申込証拠金
・自己株式申込証拠金
・普通株式よりも配当請求権または残余財産分配請求権が優先的な株式の
　払込金額（当該優先的な株式に係る資本金および資本剰余金の合計額）
・当該会計期間に係る剰余金の配当であって普通株主に関連しない金額
・新株予約権
・非支配株主持分（連結財務諸表の場合）

　以下、1株当たり当期純利益および1株当たり純資産額を、具体例により計算する。なお、1株当たり当期純利益の計算にあたり、会計期間における月末の普通株式の発行済株式数から自己株式数を控除した株式数の累計を平均して算定する方法を用いるものとする。

設 例　1株当たり当期純利益および1株当たり純資産額の計算

前提条件

・会計期間　X1年4月1日から X2年3月31日
・発行済株式総数　　10,000株
・当期純利益　　52,500,000円
・期末純資産額　　680,000,000円

　期中である X1年12月10日に、自己株式を1,500株取得して、そのまま保有して期末を迎えた。株式数にそれ以外の変動要因はない。

1．1株当たり当期純利益

　|10,000株 × 8ヵ月 + (10,000株 − 1,500株) × 4ヵ月| ÷ 12ヵ月
　= 9,500株

　52,500,000円 ÷ 9,500株 = 5,526円／株

2．1株当たり純資産額

　680,000,000円 ÷ (10,000株 − 1,500株) = 80,000円／株

　上記のいずれの指標も、自己株式を取得しなかった場合の数値よりも向上していることが確認できる。ただし、自己株式の取得に充てる財源は、利益の獲得に有効に活用されていない資金、または、活用される見込みのない資金でなければならない。有効な事業投資先がある場合は、そちらに振り向けた方が、中長期的にみて、より経営の改善効果が期待できる場合があるため、将来の事業計画、資金計画などを考慮した上で対応を検討することになる。

Ⅲ 持合解消手段

グループ企業間で持合関係が複雑になっている場合、それを整理するのは煩瑣である。自己株式の取得決議を行った上で、発行会社が取得することで持合関係をきれいに整理することが可能となる。

また、親会社が子会社から自己株式を取得するについては、取締役会の決議だけで取得が可能である。子会社が親会社株式を保有していて、処分するに困っていたケースで、処分がしやすい。子会社に該当しないグループ会社から自己株式を取得する場合は、相対による自己株式の取得となるから、特定の者を定めたうえで株主総会の特別決議を受ける必要がある。

相対取引で自己株式を取得するから、税法上、みなし配当課税の対象となりうる。しかし、法人間の売買であり、受取配当等の益金不算入規定の適用が受けられる。したがって、持合株式の買受けについては、課税上の問題がネックにならない場合が多い。

さらに、親会社と子会社との間に完全支配関係がある場合、自己株式を取得した親会社および親会社株式を譲渡した子会社双方において課税関係が生じないことが考えられ、税務上の観点からも対応が行いやすい。

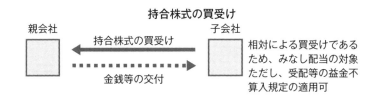

持合株式の買受け

親会社と子会社との間に完全支配関係がある場合、金銭等の交付を受けた子会社において、株式の譲渡損益は不計上となり、かつ、受取配当金については全額益金不算入とされる。

Ⅳ　分散した株主の集約

　同族会社において、過去の経緯があって、オーナー一族以外の者が株式を一部所有しているケースがある。その場合に、発行会社が少数株主から自己株式の取得を行うことにより、分散した株主の集約を図る方法が利用されている。ただし、みなし配当課税の問題もあるため、みなし配当課税の影響が大きいときは、オーナーが買い取るなどの検討の余地が生じる。発行会社以外の者が買い取るのであれば、譲渡する株主にとっては株式の譲渡所得のみの取扱いとなり、申告分離課税で済む。

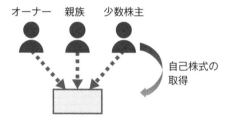

　また、会社が、相続により取得した者から、売渡し請求により自己株式を取得した場合は、その株式が相続財産に含まれており、かつ、相続税の納税義務が生じている場合には、相続税の申告期限から3年以内の取得については、みなし配当課税の除外措置（措法9条の7）の適用を受けることができる。取得費加算特例（措法39条）を併せて利用できるため、税負担は通常の場合に比べて少なく済むケースが多い。相続による株式の分散に対する重要な解決手段となりうる。

Ⅴ　ストック・オプション

　ストック・オプションを導入した場合に、新株予約権者から権利行使が行われたときに、新株発行により株式を交付するのか、自己株式の交付に

より対応するのか選択肢が生じる。新株発行にはコストがかかるので、すでに保有している自己株式があれば、それを交付する方法によることがコスト面で有利である。したがって、ストック・オプション制度を導入する会社においては、将来の新株予約権の権利行使に備えて、自己株式の活用を考える必要がある。

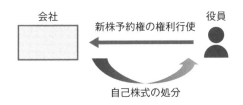

また、近時では、株式報酬の方法として、リストリクテッド・ストック（特定譲渡制限付株式）を利用するケースがみられるが、役員または従業員の金銭報酬債権を企業に現物出資させ、その対価として役員または従業員に自己株式を交付する方法を用いる場合が多い。

Ⅵ　納税資金調達手段

　オーナー会社で相続が発生したときに、持株を発行会社に売却することで資金調達を行うケースが少なくない。被相続人が所有していた財産の大半が自社の持株というケースでは、換金性の低い非上場株式の譲渡先を発行会社とすることで、納税資金を調達することが会社の支配権維持の観点からも都合がよいからである。

　相続財産に株式が含まれていて、かつ、相続税の納税義務が生じる場合において、相続税の申告期限から3年以内の相続人からの自己株式の取得についてみなし配当課税を行わないという特例措置（措法9条の7）が置かれており、取得費加算特例も併せて適用できることから、相続税の支払資金の捻出手段としての活用が行いやすい。

Ⅶ　物納による（相続税）納税対策

　株式による物納の許可を受けるためには、相続人、会社等による買戻しが確実であるかが重要なポイントである。もちろん金銭納付ができないという前提が必要である。

　また、物納が不適当とされる「管理処分不適当財産」以外の財産であれば、基本的に物納ができるものとされている。「管理処分不適当財産」とは、株式の場合に当てはめると譲渡制限株式である。定款上の譲渡制限を削除することにより、「管理処分不適当財産」から外すことは可能である。

　物納の許可が下りれば、収納段階での譲渡所得課税やみなし配当課税の問題が発生しないので、納税資金調達方法としてはきわめて魅力のある方法である[38]。ただし、将来の買受時期が到来したときに、買受希望者が買い受ける予定であったものが資金不足で買い受けられなくなった場合は、相続税の申告期限の翌日から延滞税が課されることになる。買受けが確実な買受希望者が存在することが前提となり、相続人または発行会社等が買戻しを行うことが確実にできるのであれば、活用を検討する余地が生じる。ただし、譲渡制限を削除することにより、会社法上の「公開会社」となり、株式譲渡制限会社としての規定の適用が受けられなくなる点に留意する必要がある。

38　物納による譲渡所得等の特例措置（措法40条の３）が置かれており、譲渡所得は非課税扱いである。

第8章

各種相談事例

本章では、筆者がこれまでに実務セミナー等で相談を受けたものについて、取り上げる。内容については、私見が含まれていることをお断りしておきたい。

Q

　自己株式の取得については、剰余金の配当と同様の財源規制が課されていて、剰余金の分配可能額の範囲で取得しなければなりませんし、取得した結果として純資産の額が300万円を下回ってはいけません。ただし、自己株式の取得であっても、財源規制の対象から外されているものもあるようです。具体的には、どのような場合には、財源規制は適用されないのでしょうか。

A

　自己株式の取得であっても、会社が取得することが不可避的なものや財源規制を課す必要性のないものについては、財源規制は適用されません。具体的には、次のような場合は財源規制の対象外です（会社法155条、会社法施行規則27条）。

① 　単元未満株式の買取請求に基づく買取り
② 　無償取得
③ 　合併による承継
④ 　吸収分割による承継
⑤ 　他の法人の事業の全部譲受け
⑥ 　他の法人が行う剰余金の配当または残余財産の分配による取得
⑦ 　他の法人が行う組織変更・合併・株式交換・取得条項付株式の取得・全部取得条項付種類株式の取得の対価としての取得
⑧ 　他の法人が行う新株予約権等の取得の対価としての取得
⑨ 　組織再編等に反対する株主の株式買取請求に基づく取得
⑩ 　合併後消滅する法人等（会社を除く）から承継する場合
⑪ 　他の法人等（会社および外国会社を除く）の事業の全部を譲り受ける場合における取得
⑫ 　その権利の実行に当たり目的を達成するために取得することが必要か

　つ不可欠である場合（債務者に他にみるべき財産がない場合の担保権実
　行等）

　　自己株式を取得する場合、一部の例外を除いて、剰余金の分配規制
　が課せられていることはよく理解できました。万が一、剰余金の分配
　可能額を超えて取得してしまった場合は、どのような責任関係が発生
　するのでしょうか。

A

　剰余金の分配可能額を超えて自己株式を取得したときは、違法配当と同
様の責任関係が発生します。すなわち、払戻しを受けた株主は、会社に対
して払戻額を支払う責任を負います。また、その株主総会または取締役会
に議案を提出した取締役ならびに株主総会において株式の取得に関する事
項について説明をした取締役および取締役会で議案の提出に賛成した者
は、払戻額について連帯して弁済する責任を負います（会社法462条1
項、会社計算規則159条2号、3号）。ただし、その職務を行うについて注
意を怠らなかったことを証明したときは、支払う義務を免れます（会社法
462条2項）。

　なお、取締役が責任を履行した場合であっても、悪意の株主に対してし
か求償できないとされています（会社法463条1項）。そのため、取締役が
善意の株主に求償できず、実質負担することになる場合が多いと思われま
す。

　支払義務は、原則として免除することができないとされていますが、す
べての株主の同意により、分配可能額を限度として免除することができる
とされています（会社法462条3項）。債権者保護の観点から、株主のみの
意思で全額の免除はできないという趣旨のものです。

Q

　当社は、株式譲渡制限会社です。株主が発行会社に対して株式を譲渡するときに、譲渡に係る取締役会の承認決議は必要でしょうか。

A

　株主が発行会社に対して株式を譲渡する、言い換えれば発行会社が自己株式の取得をする場合は、譲渡承認の対象外ですので（会社法136条かっこ書）、取締役会における承認の決議は不要です。もたろん、自己株式の取得に係る手続を適法に行う必要があります。

Q

　自己株式処分差益が発生しました。その他資本剰余金に計上することになりますが、これを財源として剰余金の配当を行うことは可能でしょうか。

A

　自己株式処分差益はその他資本剰余金に計上しますが、他の剰余金と区別する必要はなく、剰余金の配当の財源になり得ます。剰余金の分配可能額の範囲で、かつ、純資産の額が300万円を下回らない範囲内で、剰余金の配当を行う必要があることは言うまでもありません。また、株主平等原則に従い、すべての株主に対してその持株数に応じて行う必要があります。

Q

　当社は、債務超過会社であり、自己株式の無償取得を行う予定です。株主総会の決議等の手続は必要ですか。

A

　自己株式の無償取得については、有償取得の場合と異なり、株主総会の決議等の手続は必要ありません。会社法156条1項において、「株式会社が株主との合意により当該株式会社の株式を有償で取得するには、あらかじめ、株主総会の決議によって、次に掲げる事項を定めなければならない。ただし、第3号の期間は、1年を超えることができない。」と規定されていることからも明らかです。それは、他の株主や債権者を害するおそれがないからです。

Q

　自己株式を取得するに際して、一般的な株式の譲渡の場合に作成する株式譲渡契約書の作成は必要でしょうか。

A

　自己株式の取得については、会社法156条以下の所定の手続を行えばよく、株式譲渡契約書を作成・締結する必要はありません。複数の株主から自己株式を取得する場合で、申込株数が取得株数を超えるときは、申し込まれた株数に応じて按分して取得することになりますので、あらかじめ取得株数が特定できない場合もあります。

　株式の譲渡しの申込みをしようとするときは、株式会社に対し、その申込みに係る株式の数を明らかにしなければならないと規定されており（会社法159条1項）、実務上、株主は「株式の譲渡しに係る申込書」を発行会社に提出します。この申込書の提出があればよく、株式譲渡契約書の作成までは求められていないと考えられます。

Q

　会計期間末において、その他資本剰余金の残高が負の値となったときは、その他資本剰余金をゼロとし、当該負の値をその他利益剰余金

（繰越利益剰余金）から減額するとされています。四半期会計期間の末においても、この処理をしなければならないのでしょうか。

A

　その他資本剰余金の残高が負の値となったときは、その他資本剰余金をゼロとし、当該負の値をその他利益剰余金（繰越利益剰余金）から減額するとされていますが（自己株式等会計基準12項）、それはその他資本剰余金が株主からの払込資本であり、マイナス残高という概念がとり得ないからです。そのような趣旨に鑑みますと、四半期財務諸表についても、その適正開示という観点から、同様に取り扱うべきものと考えられます。

Q

　相続人が相続により取得した株式をその発行会社に譲渡した場合、一定の要件を満たしたものについて、みなし配当課税が課されない特例があります（措法9条の7）。そのときの発行法人側の税務処理はどのようになりますか。

A

　株主側においてみなし配当課税が課されない特例（措法9条の7）の適用を受けた場合であっても、自己株式を取得した発行法人側においては、原則どおり、資本金等の額の減少と利益積立金額の減少を認識します。この点は、上場会社等が市場取引により自己株式を取得した場合において、資本金等の額のみの減少を認識するのと異なる取扱いになります。

Q

　株主に有価証券を交付する現物配当を行うことになりました。適格現物分配に該当しないため、配当について所得税の源泉徴収を行う必要があると思いますが、現物資産の交付なので、配当額から控除する

ことができません。この場合は、どのように対応すればいいのでしょ
うか。

A ....

　適格現物分配については所得税の源泉徴収は不要ですが（所法24条１
項）、非適格現物分配については所得税の源泉徴収は原則どおり必要で
す。そこで、現物分配を受けた株主から別途徴収するか、または、現物配
当と現金配当を併せて行うなどの対応がとられます。

Q

　自己株式の取引が法人住民税の均等割の負担に与える影響について
教えてください。

A ....

　自己株式の取得、処分および消却のそれぞれの取引が、法人住民税均等
割に与える影響を説明します。この内容は、基本的には外形標準課税適用
法人の資本割に与える影響にも当てはまります。

１．自己株式の取得の場合

　自己株式を取得した場合、法人税法上の資本金等の額が減少しますの
で、一見法人住民税均等割の負担が下がる可能性が生じるように思われま
す。しかし、平成27年度の地方税法の改正により、次の規定が設けられた
影響を考慮する必要があります。すなわち、法人住民税均等割の税率区分
の基準である資本金等の額が、資本金に資本準備金を加えた額（または出
資金の額）を下回る場合、法人住民税均等割の税率区分の基準となる額は
資本金に資本準備金を加えた額（または出資金の額）とされる（地法52条
４項）。法人住民税均等割の税率区分の基準となる額は、下記の左辺と右
辺のうちいずれか多い額という意味です。

法人住民税均等割の税率区分の基準である資本金等の額（法人税法上の資本金等の額）	＜	資本金の額 ＋ 資本準備金の額 （または出資金の額）

⟶　法人住民税均等割の税率区分の基準となる額を、資本金の額＋資本準備金の額（または出資金の額）とする。

　自己株式を取得した場合、上記の左辺が減少します。しかし、自己株式を取得するときに、資本金や資本準備金を減少することは通常ないので、右辺は変わりません。その結果、左辺が右辺を下回ります。その場合、法人住民税均等割の税率区分の基準となる額は、右辺の資本金に資本準備金を加えた額（または出資金の額）となるので、法人住民税均等割の税率区分の基準となる額は従前のまま変わらないということになります。右辺の減少もない限りは、法人住民税均等割の負担は変わらないという意味になります。

2．自己株式の処分の場合

　自己株式を処分した場合、法人税法上の資本金等の額が増加します。その結果、法人住民税均等割の負担が上がる可能性を生じさせます。法人住民税均等割の税率区分の基準となる額が、1,000万円以下から1,000万円超になる場合、1億円以下から1億円超になる場合、10億円以下から10億円超になる場合などは、法人住民税均等割の負担が上がる結果になります。

3．自己株式の消却の場合

　自己株式を消却した場合、税務上、何もなかったものとして取り扱います。利益積立金額も変動せず、資本金等の額も変動しません。したがって、法人住民税均等割の負担には影響はありません。

Q

　ある株主から自己株式をその時の時価である800,000円で買い取り、同一事業年度中に別の株主にその時の時価800,000円で処分しました。当該事業年度の法人住民税均等割の負担が増えてしまいまし

た。なぜこのような事態が生じたのでしょうか。なお、自己株式の取得に際して、みなし配当が50,000円発生しています。

A

　自己株式を取得したときの税務上の仕訳は、次のとおりです。資本金等の額を750,000円減少し、みなし配当の部分については、利益積立金額を50,000円減少します。なお、みなし配当に係る所得税の源泉徴収は捨象しています。

資本金等の額	750,000	/	現預金	800,000
利益積立金額	50,000			

　一方、自己株式を処分したときの税務上の仕訳は、次のとおりです。処分価額の全額について、資本金等の額を増加します。

現預金	800,000	/	資本金等の額	800,000

　これら2つの取引が、同一事業年度中に行われていますので、トータルで資本金等の額は50,000円増加します。法人住民税均等割の税率区分の基準である額がもともと1,000万円ちょうどであるとか1億円ちょうどの法人については、たとえわずかな増加でも、法人住民税均等割の負担は上がることになります。

【著者略歴】

公認会計士・税理士

太田達也（おおた　たつや）

　慶応大学経済学部卒業後、第一勧業銀行（現みずほ銀行）を経て、太田昭和監査法人（現EY新日本有限責任監査法人）入所。平成4年公認会計士登録。現在、EY新日本有限責任監査法人において、会計・税務・法律など幅広い分野の助言・指導を行っている。

　著書に、「収益認識会計基準と税務」完全解説、決算・税務申告対策の手引、消費税の「軽減税率とインボイス制度」完全解説、同族会社のための「合併・分割」完全解説、合同会社の法務・税務と活用事例、「固定資産の税務・会計」完全解説、「解散・清算の実務」完全解説、「純資産の部」完全解説（以上、税務研究会）など多数。

本書の内容に関するご質問は、ファクシミリ等、文書で編集部宛にお願いいたします。

FAX：03-6777-3483

E-mail：books@zeiken.co.jp

なお、個別のご相談は受け付けておりません。

本書刊行後に追加・修正事項がある場合は、随時、当社のホームページにてお知らせいたします。

「自己株式の実務」完全解説

令和2年10月30日　初版第一刷発行
令和3年6月10日　初版第二刷発行

（著者承認検印省略）

ⓒ　著　者　太田　達也

発行所　税務研究会出版局

https://www.zeiken.co.jp

週　刊 「税務通信」発行所
「経営財務」

代表者　山　根　　　毅

〒100-0005
東京都千代田区丸の内1-8-2 鉄鋼ビルディング

乱丁・落丁の場合は、お取替えいたします。　　印刷・製本　奥村印刷

ISBN978-4-7931-2586-7